CONVERSAS COM
IÇAMI TIBA

CONVERSAS COM
IÇAMI TIBA

VOLUME **3**

- **DISCIPLINA: LIMITE NA MEDIDA CERTA**
- **JUVENTUDE & DROGAS: ANJOS CAÍDOS**
- **EDUCAÇÃO, FELICIDADE & CIA.**

Integrare
EDITORA

Copyright © 2008 Içami Tiba
Copyright © 2008 Integrare Editora Ltda.

Publisher
Maurício Machado

Assistente editorial
Luciana M. Tiba

Coordenação editorial
Miró Editorial

Copidesque
Márcia Lígia Guidin

Revisão
Renata Nakano

Projeto gráfico de capa e miolo
Alberto Mateus

Diagramação
Crayon Editorial

Foto da capa
André Luiz M. Tiba

Dados Internacionais de Catalogação na Publicação (CIP)
(Câmara Brasileira do Livro, SP, Brasil)

Tiba, Içami
   Conversas com Içami Tiba : volume 3 -- Içami Tiba. -- São Paulo : Integrare Editora, 2008.

   Bibliografia.
   ISBN 978-85-99362-29-7

   1. Adolescentes - Comportamento sexual 2. Adolescentes - Educação 3. Adolescentes - Relações familiares 4. Educação sexual para adolescentes 5. Executivos - Relações familiares 6. Pais e adolescentes 7. Psicologia do adolescente I. Título.

08-08097   CDD-155.5

Índice para catálogo sistemático :
1. Adolescentes : Psicologia 155.5
2. Psicologia do adolescente 155.5

Todos os direitos reservados à INTEGRARE EDITORA LTDA.
Rua Tabapuã, 1123, 7º andar, conj. 71/74
CEP 04533-014 – São Paulo – SP – Brasil
Tel: (55) (11) 3562-8590
visite nosso site: www.integrareeditora.com.br

SUMÁRIO

Apresentação 9

DISCIPLINA: LIMITE NA MEDIDA CERTA

A liberdade e os novos tempos 13
   Criança não raciocina como adulto 16
   A raiz da timidez 18
   Geração do patriarca empreendedor 20
   Geração dos ex-hippies 21
   Geração dos "folgados" 21
   Geração de "tiranos" 22
   Por trás dos caprichos 23
   Entre o poder e a submissão 25
   A disputa pela atenção 27
   Ciúme do irmão 29
   Os meus, os seus e os nossos filhos 31
   Ausência dos pais 34
   Pais trabalhando em casa 35
Hora de estudar 36
   Estudando sozinho em casa 37
   Aprender é como comer 38
   Local 40
   Horários 42
   Ritmo biológico 42
   Método 43
   Filhos distraídos e hiperativos 45
Delegar à escola a educação dos filhos? 48

Disciplina 48
Controlar a vontade dispersiva 51
Desconforto físico 52
Cada contexto, uma conseqüência 53
A auto-estima regendo a disciplina 54
Estilos comportamentais 56
Limites do estilo vegetal 57
Limites do estilo animal 58
Limites humanos 61

JUVENTUDE & DROGAS: ANJOS CAÍDOS

Maconha. 63
Cabeça feita. 63
Curiosidade e desejo. 65
Proibir é um estímulo 66
Sistema de recompensa 66
Mas ele usa... .68
Basta ser gostoso que é bom. 69
Maconha vicia, sim! 70
Maconha: Onde? Quando? Para quê? 71
Locais preferidos 71
Nos esportes. .72
Para que acender um baseado? 73
Os companheiros de fumo. 74
Tabela para um diagnóstico rápido
do uso da maconha 74
Características do vício 76

EDUCAÇÃO, FELICIDADE & CIA.

Portas 81

Sábios passos do aprendizado 82

Ética e mochila escolar 83

Adolescente 84

O sucesso dos pais 86

Sobre Içami Tiba. 90

CONVERSAS

APRESENTAÇÃO

Para atender às solicitações de inúmeros leitores e admiradores que buscam uma leitura rápida, precisa e de fácil entendimento, escrevi "Conversas com Içami Tiba", uma coleção de bolso criada especialmente para você, caro(a)leitor(a). Este terceiro volume contém as partes essenciais e práticas de 3 dos meus 22 livros: *Disciplina: Limite na Medida Certa*; *Juventude & Drogas: Anjos Caídos*, e *Amor, Felicidade & Cia*.

Como educação é um processo de longo prazo, sugiro aos que quiserem aprofundar seus conhecimentos que leiam os livros nos quais este volume se baseia.

Uma das mais importantes realizações do ser humano é ter filhos. Assim, a educação dos filhos passa a ser também uma das mais nobres funções dos pais. Tão importante quanto os aspectos genéticos são os aprendizados do nenê assim que nasce.

Assim como todas as crianças falam a língua que os pais usam em casa, o nenê já vai registrando qualidades e conteúdos, bons e ruins, dos relacionamentos que os pais e o mundo estabelecem com ele.

Vivemos uma época realmente difícil. Quando os adultos pensam que já sabem tudo (o que é impossível), surgem avanços na vida de todos. O sonho mais saudável hoje não é mais ter tudo para ser feliz, mas conseguir aprender sempre e continuar aproveitando o que de melhor a vida pode lhe oferecer.

Fica difícil acreditar que ainda hoje possamos educar nossos filhos só porque já fomos filhos e vimos como funcionaram nossos pais. Estes nasceram no milênio passado e são meros migrantes para a internet e para o celular multifunções. Enquanto isso, os filhos, hoje, não vivem sem o teclado nas mãos...

Só uma pequena comparação: Os pais, quando crianças, iam de castigo para o quarto. Hoje, ficar de castigo no quarto é o que os filhos mais querem –, pois ficam longe dos pais e têm tudo o que ganharam e de que precisam.

Por isso, a educação é prioridade e obriga os pais a se atualizarem lendo tudo o que possa torná-los educadores mais competentes.

E é por tudo isso que convido você a ler este livro *Conversas com Içami Tiba 3*, para atualizar os princípios e práticas educativas aprovados hoje para a formação das diferentes personalidades dos seus filhos, dos seus alunos, dos jovens em geral.

Todos os pais que amam seus filhos desejam que eles sejam felizes e fazem o máximo para isso, mas felicidade não se dá, não se compra e muito menos se empresta. É preciso que os pais ajudem os filhos a construir sua própria felicidade.

Estes são alguns dos muitos recados que eu lhe passo para que você tenha em suas mãos essas informações e que as coloque em prática, proporcionando, assim qualidade de vida muito melhor para si, seus filhos, e toda a família.

Sua família pertence à sociedade e, fazendo a sua parte, você está melhorando também a sociedade... e todos nós seremos melhores e mais felizes.

... Mãos à obra!

Grande abraço do
Tiba

CON
VERSAS

DISCIPLINA: LIMITE NA MEDIDA CERTA

A liberdade e os novos tempos

A MAIOR LIBERDADE QUE O SER HUMANO TEM é o poder de escolha. A qualquer momento, ele pode escolher como dará seus próximos passos. O complemento dessa liberdade é a responsabilidade de assumir as conseqüências de suas escolhas. Portanto, liberdade significa ter responsabilidade conseqüente. Caso contrário, a liberdade geraria uma confusão tão grande que ninguém mais teria qualidade de vida.

A liberdade é relativa, variando conforme as pretensões, porque não existe liberdade absoluta. Quando se faz uma escolha entre duas situações, a que não foi escolhida ou se perde ou fica em segundo plano. Logo, o exercício da liberdade já envolve uma perda.

No cotidiano, a liberdade está em fazer uma escolha bem adequada conforme as conseqüências pretendidas.

A mente não possui fronteiras e, inteligentes que somos, podemos realizar devaneios desde que se transformem em sonhos com projetos de execução. Num inverno, com tempo coberto e frio, sem neve, gostaríamos de estar numa praia aberta, com sol gostoso e céu azul. Mas é impossível viver as duas situações ao mesmo tempo. Podemos, entretanto, escolher entre ficar ou ir para um ou outro lugar. Uma vez na praia, a liberdade muda de figura.

Uma casa com crianças sem adultos que se responsabilizem por elas é um claro exemplo das conseqüências da liberdade sem responsabilidade. Os filhos desde pequenos têm de aprender a lidar com a liberdade responsável. A aquisição da responsabilidade é um aprendizado obrigatório e, quanto mais cedo os filhos aprenderem, tanto melhor todos viverão.

Todas as crianças adoram brincar. Num parquinho infantil, elas podem ir ao brinquedo que quiserem, mas têm de aprender o que é usufruir dele e o que é correr o risco de cair, machucar-se, ferir outras pessoas etc. Isto tudo com a presença dos pais – ou não.

Hoje, a criança aos dois anos de idade já fica longe dos seus pais: freqüenta a escolinha, portanto está sob responsabilidade de outros adultos. Mesmo dentro de casa, os pais delegam a responsabilidade de cuidar das crianças para outros. Esses outros adultos (funcionários, babás, motoristas etc) não são os responsáveis pela educação, pois detêm outras funções, também necessárias à vida das crianças. Porém, os pais deveriam ensinar seus contratados, em casa, a cumprirem também os ensinamentos que eles mesmos dariam, se estivessem em casa, a seus filhos.

Por exemplo, a liberdade de brincar com seus próprios brinquedos implica cuidar deles. Faz parte dos cuidados guardar os brinquedos após acabar a brincadeira. As crianças não podem simplesmente sair correndo, largando todos os brinquedos no chão. Deve fazer parte da brincadeira o ato de guardar. Assim como os pegaram, as crianças têm condições de guardá-los. É dessa maneira que elas cuidarão de seus pertences na escolinha, na turma de adolescentes, nos negócios dos pais.

Apesar de ser função dos contratados deixar a casa em ordem, babás e funcionários não devem guardar os brinquedos. A função nova, agora, é lembrar as crianças que elas mesmas têm que guardá-los.

Quanto à comida, é bom ter liberdade para escolher o que comer; mas, se a escolha dos filhos recair sempre sobre batatas fritas e *fastfood,* rapidamente elas poderão sofrer de males clínicos e necessitarão de cuidados médicos. Quem arcará com essas conseqüências? É claro que são os pais. Ou seja, os filhos curtem a liberdade, mas quem arca com a responsabilidade são os pais. Enquanto forem bebezinhos, pode dar certo. Mas manter esse esquema com estudantes universitários?

Se para os filhos fica a liberdade de curtir a vida, fazendo somente as coisas de que gostam e as que lhes dão prazer, podemos perguntar: por que não usar drogas quando estiverem nas ruas, longe dos pais?

A criança não sabe o que é liberdade pessoal. Simplesmente faz o que tem vontade de fazer.

Por isso, os pais deveriam determinar o que os filhos devem comer (porque aquilo de que gostam podem comer em outra hora). É uma responsabilidade que os filhos têm que desenvolver: cuidar do próprio corpo. Quem cuida do próprio corpo não se arrisca a usar drogas.

CRIANÇA NÃO RACIOCINA COMO ADULTO

Os pais ficariam mais tranqüilos se levassem em consideração o fato de que muitas das atitudes da criança são tomadas sem a mesma consciência do adulto. Com freqüência, recriminações tão comuns do tipo "mas você não viu que ia cair?" são injustificadas. Para fazer uma projeção sobre o que vai acontecer depois, a criança precisa ter vivido uma experiência similar e aprendido com ela. Na hora em que pegou o lindo vaso de cristal que estava na mesa, provavelmente nem pensou que poderia quebrá-lo. Queria apenas brincar. Ao ver o vaso quebrado, ela aprende que os objetos podem se quebrar. Só então passa a ser capaz de optar por quebrar ou não algum objeto.

Recentemente, um executivo e a esposa vieram me procurar porque ambos não agüentavam mais o comportamento do filho. O garoto fazia tudo o que queria, deixando a casa em grande desordem. Não os respeitava de modo nenhum. Era capaz de acabar com tudo o que encontrasse pela frente caso um desejo seu não fosse atendido. A mãe vivia em função do filho e também o pai, que era interrompido em seu trabalho por telefonemas constantes. Pasmem: o garoto só tinha oito anos de idade.

Em outra ocasião, estávamos dramatizando algumas situações. A cena era a seguinte: o garoto tinha acabado de quebrar um vaso porque havia sido contrariado, e o pai deveria ter com ele uma conversa séria. O pai começou seu discurso da seguinte forma: "Filho, eu sei que você quebrou o vaso sem querer, e...". Não precisava acrescentar mais nenhuma palavra. A frase foi fundamental para chegarmos à conclusão de que, depois desse comentário, nada do que dissesse faria o filho entender seu erro.

Além de desculpar a atitude do menino, o pai tinha negado a emoção que o consumia, a raiva que fizera o menino quebrar o vaso com tanta força e, ao ignorar a raiva do filho, dizendo que havia sido mero acidente, o pai não só tirava a responsabilidade da criança mas agia como se soubesse o que se passava na cabeça do filho, o que é impossível. A frase resumiu o sistema educacional inadequado de toda essa família.

Aparentemente, aquele menino, filho único, com dois adultos para satisfazer seus mínimos desejos, tinha a liberdade de fazer o que quisesse em casa. Mas quem olhasse no fundo de seus olhos perceberia o quanto ele era impotente e infeliz. Impotente porque tudo o que fazia não era reconhecido, não lhe conferia poder. Infeliz porque não tinha pais companheiros com os quais pudesse partilhar emoções. Ele chorava o velório da liberdade pessoal, e seus pais cantavam para alegrá-lo por meio da realização de suas vontades, apesar de estarem angustiados internamente.

A RAIZ DA TIMIDEZ

Conforme o filho vai crescendo, os pais mostram-lhe o que ele deve ou não fazer. Aos poucos, vão concedendo algumas permissões. Quando estas faltam, e no seu lugar há censuras sucessivas, críticas e reprovações às suas iniciativas, a criança pode crescer sentindo-se tão "proibida" a ponto de ela mesma proibir-se de fazer algo. Daí resulta a timidez, um transtorno no comportamento do ser humano.

A criança hipersaciada também pode tornar-se tímida. Afinal, os pais hipersolícitos atendem a todas as suas vontades, e ela não aprende a virar-se sozinha.

Basta à criança sentir-se desacompanhada dos pais, em ambiente diferente ou diante de qualquer pessoa estranha, que logo se vê atacada pela timidez. A timidez é antinatural.

Sabemos que o primeiro sinal de contato – isto é, de manifestação de relacionamento do bebê com o mundo – é o sorriso. O adulto desarma-se diante do sorriso de uma criança, pois sabe que não existem segundas intenções. Trata-se apenas de um sorriso. Pura expressão de alegria.

Uma criança sorridente é uma criança simpática, o orgulho dos pais. Por volta do oitavo mês de vida, quando passa a não querer ir para o colo de estranhos, torna-se antipática. Alguns pais não admitem essa reação, forçando o bebê a aceitar a pessoa que lhe é estranha, como se fosse seu amigo íntimo. É assim que começa o mecanismo de auto-repressão da criança. Cada vez que os pais a reprovam por não aceitar alguém, ela mesma a aciona, reprimindo suas defesas naturais para receber a aprovação dos pais. E assim deixa de ser espontânea. A timidez é a perda da espontaneidade.

A criança aprende fazendo tentativas. Erros e acertos são fundamentais. Se os pais não aceitarem os erros, criticando duramente o filho, ele próprio deixará de aceitar seus erros, perdendo, então, a liberdade de arriscar. Resta-lhe a obrigação de acertar sempre.

Acertar é agradar aos pais. Logo, esse acerto é subjetivo, pois depende do critério que os pais utilizam para aprovar ou não a atitude dos filhos. A timidez é a perda da liberdade de tomar iniciativa.

Uma educação severa, em que o erro é castigado e o acerto nem sempre é premiado, gera pessoas tímidas. Portanto, a timidez pode ser resultado de pais muito exigentes.

Quando a repressão é muito grande, a criança amolda-se e sofre calada. Caso não se adapte à repressão, ela seleciona ambientes em que pode ficar quieta e onde pode bagunçar. Essa é a explicação para aquelas crianças tímidas na escola e superbagunceiras em casa ou tremendamente obedientes em casa e indisciplinadas fora dela. Elas obedecem parcialmente à repressão na presença dos repressores. Na ausência deles, passam a reprimir os outros, a "delinqüir". É o método da gangorra: de um lado senta a timidez, do outro, a delinqüência.

GERAÇÃO DO PATRIARCA EMPREENDEDOR
Formada por famílias cujo pai era a autoridade máxima. Bastava a ele olhar, que todos os filhos obedeciam. Era vigente nessa época a verticalidade dos relacionamentos em que um mandava e o outro obedecia: pai-filhos, chefe-empregados, professor-alunos. Talvez a última geração do machismo absoluto, na qual nem mulheres nem crianças podiam se manifestar. O limite era estabelecido pelo pai-patriarca e tinha que ser cumprido à risca, caso contrário, vinham castigos físicos. Muitos desses patriarcas foram empreendedores e fundaram empresas; al-

gumas destas empresas resistem até hoje, tendo superado o grande problema da sucessão familiar.

GERAÇÃO DOS EX-HIPPIES

Tomo os hippies como exemplo emblemático, porque compõem a parte barulhenta dessa geração. Mas existe uma maioria silenciosa que passou longe do movimento hippie, embora pertença à mesma geração.

A geração dos hippies rebelou-se contra o autoritarismo patriarcal resumido nesta frase que ela ouviu muito seus pais dizerem: "Enquanto vocês (filhos) viverem aqui, terão que obedecer às regras desta casa".

Quando adolesceram, muitos jovens levantaram suas orelhas e saíram de casa em busca de liberdade. Muitos deles voltaram para casa e sucederam os pais nos negócios iniciados por eles, que continuaram atuantes. Outros se instalaram em ramos diferentes.

Essa geração de ex-hippies e seus contemporâneos não quiseram repetir o esquema educacional de seus pais patriarcas e *se calaram* diante dos seus filhos, que acabaram se tornando "folgados" porque não receberam limites.

GERAÇÃO DOS "FOLGADOS"

Essa geração, cujo exemplo emblemático é a figura do "folgado", pretendia abrir mão da sucessão no trabalho dos pais (mas não da herança) para ser um feliz dono de pousada na praia. Crescera sem tantas cobranças, sob o sucesso e dinheiro dos pais que nada lhe negavam. Mas os ex-hippies tinham dentro de si os resquícios educativos patriarcais que acabaram ocasionalmente aparecendo para os "folgados".

Essa geração, constituída de dois a quatro filhos, foi a que cresceu com a tecnologia em franca expansão. Os computadores surgiram na sua adolescência. É a geração dos netos do grande patriarca. São os adultos jovens de hoje, que não conseguem impor limites a seus filhos, porque também não os tiveram.

GERAÇÃO DE "TIRANOS"

Os filhos dos "folgados" estão crescendo já com o telefone celular nas mãos. A sociedade restringiu sua convivência familiar pois, além do pai, a mãe também trabalha e, por isso, os filhos vão para a escola com 2 anos de idade. Aos 3 anos, já sabem ligar o aparelho, colocar e assistir ao DVD de sua preferência.

As mães e os pais estão se sentindo culpados por ficarem tanto tempo longe dos filhos; mesmo sentindo-se endividados, dão-lhes tudo o que pedem. E se não derem, os filhos passam a extorqui-los, com agressões e chantagens afetivas, birras e pirraças, gritos e lágrimas, até dominá-los. Assim, os filhos ficam "tiranos", tirando tudo dos seus pais.

Por serem muito estimulados mentalmente, têm bastante rapidez e argumentos para respostas, parecendo até mais inteligentes que os irmãos mais velhos. Exigem muito dos pais e dos pais dos pais, que se encontram impotentes para estabelecer limites, a ponto de os pais delegarem às escolas a educação dos seus filhos.

Assim, tiranas são as crianças que mandam e desmandam nos pais e avós e já querem mandar também nos seus professores e funcionários da casa. Estes adultos, mesmo tendo poder, não têm autoridade, pois os tiraninhos não lhes obedecem. Acabam tomando o poder pela autoridade conferida pelos seus próprios pais.

Nenhuma família pode ser regida por crianças.

Estas não têm competência necessária, acabam submetendo os pais e avós às suas próprias vontades e desejos, que, por natureza, não têm limites.

POR TRÁS DOS CAPRICHOS
Pais que permitem ser submetidos aos caprichos dos filhos estão lhes ensinando a agir da mesma forma com outras pessoas: empregados, professores etc. Esse filho lança o desafio: "Se até meus pais, que podem mandar em mim, não o fazem, quem são vocês para mandar em mim?" Sente-se ele, então, o todo-poderoso.

Meu filho é mal-educado, mas não foi isso que lhe ensinei!

Uma queixa comum das mães é a de que o filho adolescente xinga e maltrata a empregada. "Não foi isso o que eu lhe ensinei", garantem elas. Mas tal comportamento não começou de uma hora para outra; ele denuncia que os pais deixaram de ensinar que não importa o nível socioeconômico e profissional, todas as pessoas merecem respeito; ou, então, o costume de outra pessoa o inspirou. De qualquer maneira, quando o jovem agiu de forma errada, os pais não o corrigiram adequadamente.

Talvez, entretanto, o filho não seja um folgado nem um caprichoso, mas uma vítima de pais que exageram, colocando limites demais. Quando a repressão é muito grande, o filho tem um modelo repressor internalizado e o externará sempre que puder. Ou seja, se sofre repressão dos pais, vai reprimir outros mais fracos. É o mecanismo da gangorra.

Os filhos usam a seu favor tudo aquilo que aprendem.

Filhos folgados, mas internamente inseguros, fora de casa podem submeter-se timidamente ao primeiro que lhes colocar um limite, um amigo ou professor, por incapacidade de reagir. Às vezes, acontece o inverso: em casa submetem-se para descontar depois na escola. Felizmente, o ser humano tem a possibilidade de modificar o que não está bom, solucionando problemas.

O que passou já está escrito, mas o futuro não. Portanto, qualquer modificação pode ser realizada, desde que haja motivação suficiente.

Conclusão: Sempre é tempo para melhorar, pois nada está condenado a ser sempre igual.

ENTRE O PODER E A SUBMISSÃO

A liberdade relacional é mais complexa que a individual. Requer muito mais saúde emocional. Implica ter consciência dos próprios desejos e ter a capacidade de satisfazê-los, sem prejudicar a liberdade alheia. Sacrificar-se pelo outro, deixá-lo viver à sua custa não é liberdade. Há pais que se sacrificam pelos filhos, e é comum que afirmem: "Eu só estou bem se meus filhos estiverem bem". Outros pais partem diretamente do sacrifício para a acusação: "Eu trabalho por sua causa". O adolescente defende-se: "Não pedi para nascer, vocês têm obrigação de cuidar de mim". Embora proferidas por personagens diferentes, todas essas falas expressam falta de liberdade.

Vejamos o que acontece com a criança pequena. Ela entra no relacionamento receptiva a praticamente tudo o que a mãe fizer. A criança não pode fazer nada além de seu limite biológico, mas pode deixar de fazer o que já consegue através de um limite estabelecido pelos pais. A mãe (ou sua substituta) é a todo-poderosa de quem o bebê depende totalmente. Mas trata-se de um poder relativo. Por ser adulta e responsável pela criança, ela tem de se submeter ao seu ritmo biológico: mamadas, sono, higiene. Nessa relação que estabelece com o bebê, a mãe é ao mesmo tempo poderosa e prisioneira.

A maioria das mães tem essa consciência. Se não a tiver, adquire-a num instante. E quanto mais a mãe conseguir encontrar satisfação nesses dois aspectos antagônicos (poder e submissão), mais saciada a criança estará. E essa saciedade será a pedra fundamental sobre a qual se somarão outras experiências de satisfação e de insatisfação.

A saciedade dos instintos é a base fundamental para a construção da auto-estima.

Em um primeiro momento, a mãe precisa ingressar nesse grande sacrifício: acordar de madrugada para amamentar, prestar atenção aos mínimos movimentos do bebê, interromper o namoro com o marido, ou a refeição, para atender o filho. Depois, ela precisará submeter-se a um esforço ainda maior para abrir mão desse sacrifício, porque representa, ao mesmo tempo, um poder muito grande sobre o filho.

O sacrifício de um ser humano não pode estar baseado no comportamento folgado de outro. A folga de um não pode sufocar o outro.

Os pais precisam ficar atentos para perceber as iniciativas que seus filhos tomam para satisfazer seus desejos e precisam ter perspicácia para identificar as capacidades da criança. Devem lembrar-se a toda hora de que seu filho vai crescer e de que o gesto de amor mais profundo não é somente abraçar, pegar no colo, mas também estar presente em todas as pequenas conquistas. Assim, a criança adquire a confiança de fazer. E, uma vez que tenha aprendido a realizar algo, adquire a liberdade de fazê-lo ou não. Se não souber fazer, a criança será prisioneira da sua própria ignorância.

A DISPUTA PELA ATENÇÃO

Quando o pai e a mãe chegam em casa, o que eles mais querem é recuperar-se. Seus corpos estão arrebentados e os cérebros "em coma". Jornal, televisão e internet são uma maneira de relaxar do estresse diário. Dar uma ocupação para os olhos enquanto tudo se recupera em paz. Mas o que o filho mais deseja é brincar com os pais. Resumindo: os pais querem paz, e o filho quer os pais...

O filho, em busca de companhia, faz de tudo para chamar a atenção dos pais. Aliás, as crianças estabelecem com os adultos uma relação em forma de túnel: elas ficam de um lado, o adulto, de outro. Se os pais derem atenção para outra pessoa ou mesmo para o jornal ou novela, o filho sente-se excluído. É como se os pais se instalassem numa das pontas do túnel, colocassem a televisão ou o computador no meio, e o filho ficasse na outra ponta. A relação com o filho foi bloqueada.

Os pais precisam encontrar um jeito, seja como for, de dar atenção para o filho no momento em que ele pedir. Não adianta enchê-lo de atenções quando ele não as quer mais.

Se os pais fizerem valer sua vontade com base na lei do mais forte (repreender, agredir, reprimir), o filho sentirá que ele não é seu companheiro. Daí começam a surgir brechas que podem caminhar para o rompimento do relacionamento. O importante para o filho é a convivência e o companheirismo dos pais. Se, por exemplo, os pais pegarem o filho no colo enquanto lhe mostram um brinquedo, o que acontece? Os pais se colocam ao lado do filho para observar o brinquedo que está na outra ponta do túnel. Da mesma forma, se eles puserem o filho ao seu lado, os dois terão diante de si a televisão e poderão assistir ao programa juntos.

Contudo, para que o filho olhe para a TV ou qualquer outro ponto que os pais queiram lhe mostrar, é preciso que estes tenham olhado, antes, para o brinquedo dele.

CIÚME DO IRMÃO

Para evitar ciúme, é importante que os pais preparem o filho mais velho para receber o irmão mais novo. Uma dica muito boa é dizer-lhe que o mais novo mandou presentes e pedir também às visitas mais íntimas que tragam presentes e dêem especial atenção ao mais velho, pedindo-lhe que lhes mostre onde está o bebê.

Um dos problemas mais sérios no relacionamento entre irmãos é que o primeiro perde o reino quando nasce o segundo, pois a casa passa a funcionar no ritmo da criança menor.

É interessante que o pai perceba o problema do mais velho e se esforce para compensar a perda da exclusividade familiar. O filho mais velho pode agarrar-se ao pai como uma forma de excluir o irmão menor da presença desse pai.

Como superar todas essas dificuldades? Há um jeito: o pai pode pegar o mais velho e, como se fossem dois companheiros, ir com ele visitar o mais novo. Em vez de estar situado numa ponta do túnel, com os dois filhos na outra, o pai coloca-se ao lado do filho mais velho, deixando o mais novo no extremo oposto. Desse modo, preserva seu relacionamento com o mais velho e apresenta o mais novo como um alvo interessante para ambos, não como um adversário.

Uma criança satisfeita dá liberdade para os pais. Estando insatisfeita, exige atenção o tempo inteiro, tiranizando-os.

Há uma diferença muito grande entre o comportamento da mãe e o do pai no que se refere ao companheirismo em relação ao filho: normalmente, a mãe lida com a criança enquanto o pai limita-se a observá-la. Quando a criança se sente atendida também pelo pai, passa a reivindicar cada vez menos sua companhia, pois dentro de si tem a certeza de que é importante para ele. Tão importante que não faz mal se ele der um pouco de sua atenção para o computador ou para o telejornal. Quando o filho exige exclusividade, é porque está se sentindo pouco importante. Para ele, a preferência do pai pela televisão, pela tela do computador ou pelo irmão mais novo significa rejeição.

Qualquer grande modificação na vida do filho mais velho, como largar a chupeta, ir para a escolinha, mudar do berço para a cama ou até mesmo mudar de quarto seria muito menos complicada se ela se distanciasse do tempo do nascimento de um outro filho. É importante que o mais velho não associe tal mudança à chegada do mais novo.

E, não havendo outro jeito, tudo ficará muito mais fácil se os pais explicarem o quanto essa mudança é importante, e ele a merece, pois "está crescendo bem".

A falta do estabelecimento desses limites de idade pode complicar o bom andamento da casa, pois o filho mais velho pode quebrar todos os desejos dos pais quanto à união dos seus filhos: quer exclusividade, não quer perder o que tinha para um recém-chegado, mesmo que seja seu irmão.

OS MEUS, OS SEUS E OS NOSSOS FILHOS

Ninguém quer viver só. Mas também ninguém agüenta viver insatisfeito. Se nas gerações anteriores a consciência do dever era mais forte que a necessidade de sentir-se bem, hoje em dia há maior equilíbrio entre o dever e o prazer. Atualmente, insatisfações das mais variadas origens justificam separações conjugais.

Há mais de dez anos, quando um casal se separava, os bens eram também divididos: os bens afetivos, filhos, ficavam com a mãe, e os materiais, dinheiro, com o pai. O pai tinha direito a ficar com as crianças "duas noites por semana e um final de semana a cada quinze dias". O juiz era acionado pela mãe a cada vez que o pai negligenciava o pagamento da pensão alimentícia.

Atualmente os pais estão reivindicando ficar também com os filhos, por meio da guarda compartilhada, e as mães estão recasando mais que antes. Já atendi mães que se casam pela terceira vez, e outras que casam duas vezes com o mesmo homem. Os filhos dos vários relacionamentos acabam ficando com a mãe. Assim, em cada relacionamento novo surge uma nova constituição familiar, juntando mulher e homem, cada um com os filhos dos casamentos anteriores.

Surgem dinâmicas particulares, exemplificadas nas frases: "Na educação dos meus filhos, você (marido ou mulher) não dê palpites". Ou: "Você não é meu pai (ou mãe) para mandar em mim!"

Essas questões surgem quando há contrariedades e atritos, ciúmes e preferências. Mas para se conseguirem vantagens, invertem-se situações com outras colocações: "Só porque não sou seu filho(a)...". Ou: "Faz um favor pro tio(a), faz?"

É uma constituição familiar diferenciada da consangüínea, pois existem duas gerações: adultos, pai ou mãe com seus novos parceiros e crianças; filhos, meio-filhos e filhos postiços.

Valem muito o afeto, o respeito às diferenças, a solidariedade aos sofrimentos, o compartilhar a vida conjunta. O melhor funcionamento para esse agrupamento seria o de uma equipe e não o de provedores e dependentes. Não há superiores nem inferiores, apenas os mais especializados em certas áreas. Dessa maneira, o que sabe mais é aquele que está apenas mais desenvolvido em certa área técnica ou cultural.

Os adultos podem aprender informática com os jovens, que sentirão sua auto-estima elevada. Com o que aprenderem, eles poderão fazer um *upgrade* no seu trabalho e nas suas vidas.

Quanto mais os adultos se aproximarem dos jovens, mais a recíproca é verdadeira. A maioria dos adultos ainda se julga poderosa, portanto os jovens é que têm que chegar a eles. O que funciona com os jovens não é mais o poder como era com as crianças, mas sim a autoridade. Por incrível que pareça, os adultos ganham autoridade e respeito aproximando-se deles.

*O que amadurece os jovens
é assumir as responsabilidades
e suas conseqüências.*

Responsabilidade se ensina e, depois de aprendida, tem que ser exigida. É no fazer que reside a responsabilidade, inerente à disciplina. Ao se libertar do pesado fardo de serem os únicos provedores do lar, os pais também estão mudando seu comportamento perante os filhos. Deixar de ser o chefe em uma família para ser o marido em outra altera seu posicionamento. Ele não é mais tão autoritário. Respeita as próprias necessidades e passa a respeitar mais as dos filhos. Passa a lidar com eles em vez de só cobrar. Nesses casos, quem sai ganhando são os filhos. Os novos pais participam mais de suas vidas. São muito companheiros. E essa convivência é fundamental para a disciplina.

AUSÊNCIA DOS PAIS[1]

A falta dos pais sofrida pelos filhos não pode ser negada, mas nem por isso a educação deve ser posta de lado.

O que tem atrapalhado bastante a educação dos filhos é a tentativa de os pais compensarem suas ausências através de *hipersolicitude* para atender os desejos mais inadequados, colocando os filhos como cobradores dos seus sentimentos de culpa.

Esse sentimento que ataca fortemente as mães não afetava muito os pais. Era comum o que acontecia com muitas famílias, cujo pai migrava em busca de trabalho. Não raro, esse pai se transformava em ex-pai. Praticamente não existe ex-mãe.

Ausência física não se compensa com presentes nem com permissividade.

Tais compensações distorcem a educação, pois os pais, no afã de agradar os filhos, comportam-se inadequadamente, aceitando dos filhos o que não aceitariam de ninguém. Assim, os pais perdem a autoridade educativa sobre os filhos, gerando indisciplina em casa, prejudicando suas formações.

1 Para saber mais, ler *Disciplina: Limite na Medida Certa – Novos Paradigmas*. São Paulo: Integrare, 2006 (N.E.).

Os filhos, sem métodos nem regras a seguir, regidos pelo saciar dos seus desejos, tornam-se tão indisciplinados quantas forem as suas vontades. O que os filhos estão fazendo em casa, não poderão fazer na sociedade. Portanto, eles não estão sendo educados para serem cidadãos.

Os filhos deveriam, desde já, praticar em casa o que terão que fazer na sociedade. Esta é a verdadeira educação, tendo como uma das suas bases a disciplina.

PAIS TRABALHANDO EM CASA

O futuro acena com outras possibilidades familiares. Estamos chegando a uma era em que os seres humanos não precisarão mais sair tanto de casa. A informática criou uma nova categoria de trabalhadores: os *homeworkers*, que trabalham em casa diante de um computador e se comunicam com as empresas por e-mail.

Não há mais necessidade de ir ao supermercado para fazer compras, nem ao banco para cuidar das finanças. Tudo isso pode ser resolvido facilmente por fax, telefone e internet. Desse modo, a tendência é aumentar o número de horas de permanência dos pais dentro de casa. Se a qualidade da convivência for educativamente boa, provavelmente teremos uma geração mais saudável.

Os pais precisam estar atentos à questão da convivência familiar. Devem observar que os filhos não exigem ação dos pais o tempo todo. Mas exigem, a cada tempo, um pouco.

Hora de estudar

ESTUDAR EM CASA para complementar ou fixar o que o professor passou em classe é fundamental para o aprendizado. Ele pode ser livre, com "ensinantes" ou vigiado.

É estudo formal quando se reserva um local e horário, diário ou semanal, em casa ou no local de trabalho dos pais. É usado para ajudar os filhos desorganizados ou que estão com notas baixas.

É estudo formal livre quando os filhos conseguem estudar sozinhos: é a condição ideal.

O estudo com "ensinante" é quando precisam de outra pessoa (pais, professores particulares, irmãos, colegas) para ensinar a compreenderem e complementarem o que o professor ensinou. Isso não é natural pois, em tese, o que ocorre na aula deveria ser mais que suficiente para o aluno apreender.

O estudo formal vigiado serve para filhos que, mesmo precisando, não conseguem finalizar suas tarefas (com iniciativa, mas sem "acabativa"; portanto, precisam da presença física de um controlador, que não precisa ser um ensinante).

Sendo impossível o formal, existe a possibilidade do estudo informal, que é o aproveitamento de qualquer tempo, com mente livre para estudar, recordar, complementar. É aproveitar o tempo de espera de qualquer atividade dentro do carro, andando ou parado, num intervalo antes da aula etc.

Outro método pouco recomendável, mas que pode ser utilizado em situações emergenciais, é o estudo durante outra atividade, comendo, vendo televisão etc. É um estudo urgente principalmente em véspera de provas. Isso os alunos conhecem bem: estudar durante uma aula para a prova na aula seguinte. Na necessidade de reter a matéria até a prova, usa-se a memória flutuante da "decoreba", que é perecível e descartável.

ESTUDANDO SOZINHO EM CASA

Pouco adianta determinar e controlar o horário de estudo do jovem em casa. Ele que estude quando e como puder. O mais importante é que aprenda e demonstre que aprendeu.

Estudo é essencial e obrigatório. Portanto, não cabe negociação. Talvez as crianças tenham notas altas, mas isso não diz tudo. Existe a cola, a sorte etc. O melhor método para verificar se o jovem está aprendendo é pedir-lhe que dê uma rápida aula, com suas próprias palavras, sobre o que estudou.

Os pais têm de ajudar o filho a organizar-se desde o começo das aulas e dividir o conteúdo das matérias que lhe são mais difíceis para que possa estudar um pouco todos os dias e depois dar aquela "aula" aos pais, ao irmãozinho ou a qualquer outra pessoa. É impossível aprender num dia só, ou na véspera da prova, tudo o que não foi estudado durante um ou dois meses.

APRENDER É COMO COMER

O que o professor passa em aula chega aos alunos como informação. O aprendizado é transformar informações em conhecimentos. A informação deve ser digerível e chegar até a pessoa, assim como a comida. O professor é o cozinheiro, que vai preparar a informação de tal maneira que o aluno possa consumi-la durante a aula, que vale como o momento da refeição. Portanto, existe uma correlação entre a cozinheira e o professor, a comida e a informação, o filho e o aluno, a sala de jantar e a sala de aula, a hora da refeição e a da aula, a energia e o conhecimento.

O aluno volta para casa com a informação dentro de si, momento em que começa a segunda etapa do processo: o adolescente terá de digerir essa informação, isto é, terá de selecionar os seus elementos mais importantes, transformando-os em conhecimento, e relacionar este a tudo aquilo que já sabe, a fim de ampliar sua sabedoria.

A digestão da informação não depende do cozinheiro, da mãe ou do professor. Depende exclusivamente do funcionamento do aluno.

Assim como a digestão de uma feijoada desvia para si o sangue de outras áreas do organismo, a digestão de uma informação densa requer atenção especial. Após comer uma feijoada, ninguém se submete a uma atividade física intensa. Do mesmo modo, para estudar um conteúdo complexo, a pessoa não pode se distrair com outras atividades. Necessita do estudo formal. Se a informação for uma refeição leve, como caldo de galinha servida a convalescentes, a digestão será fácil e rápida. A informação fácil também pode ser incorporada sem muito esforço. Vale muito bem o estudo informal.

O mesmo texto às vezes é fácil para alguns e terrivelmente difícil para outros. Sua assimilação depende das aptidões individuais. Assim como o organismo tem facilidade para digerir certas comidas e dificuldade para digerir outras, a absorção da informação também varia conforme a capacidade de cada um, isto é, conforme a facilidade para compreender determinadas matérias e a dificuldade para assimilar outras. Conhecimento fácil é o que se adapta às aptidões da pessoa.

LOCAL

Precisa haver um local com uma mesa, em que o aluno possa colocar seu material, e principalmente com uma cadeira em que possa apoiar os dois braços. Pode ser a escrivaninha dos pais ou do quarto, a mesa da sala de jantar. Filhos pequenos adoram estudar na escrivaninha do pai. O importante é que seja um ambiente ventilado e bem iluminado, que a criança possa ocupar pelo tempo necessário sem ser importunada. Um lugar individualizado talvez não seja a solução ideal. São bons os resultados práticos obtidos por famílias em que todos estudam no mesmo horário, na mesa da sala de jantar, como foi o caso da maioria das famílias de imigrantes no Brasil. Se todos estão juntos, os vícios individuais aparecem e são mais facilmente superados.

Quando estuda sozinho, o filho pode distrair-se, perder tempo demais com uma única matéria, ficar rabiscando ou dar importância em excesso aos desenhos em vez de prestar atenção ao texto principal. Até que desenvolva um método de estudo, os pais devem acompanhá-lo para evitar que adquira esses pequenos vícios. Mas insisto no seguinte ponto: *isso não significa que a mãe deva fazer a lição pelo filho*. Se assim proceder, fatalmente eles (mãe e filho) serão reprovados no quinto ou sexto anos. É só estudando que se aprende a estudar.

É interessante notar que atualmente estão sumindo das casas as bibliotecas e as escrivaninhas, e aumentando o número televisores. Cada vez mais freqüente, o computador ligado à internet está ocupando um bom lugar na casa. A tendência é que cada pessoa tenha o seu computador particular, assim como já tem o seu próprio celular.

Não é só um problema de redução de espaço, mas também de ordem cultural. As famílias que privilegiam o estudo ainda possuem escrivaninha ou um local próprio para ele. O estudo acaba alterando a função dos ambientes: a mesa de jantar, por exemplo, faz as vezes de escrivaninha.

Atualmente também está se tornando freqüente a presença do computador como um recurso auxiliar aos estudos. Mas o computador é somente um aparelho que pode produzir o que estiver programado para fazer. Geralmente ligado a uma impressora, imprime um relatório já digitado, desenha um gráfico mais complexo etc. Mas a maior fonte de pesquisa está na conexão com a internet.

E é exatamente a internet que pode distrair o estudante, porque basta clicar algumas vezes e lá está ele, conversando ou jogando com amigos ou com estranhos; são papos e jogos que sempre encontram interlocutores: a qualquer hora que se acesse, há alguém com quem conversar ou jogar. Mesmo sem internet, pode-se distrair com jogos já instalados na máquina. Por isso, não se pode ignorá-lo, pois ele já faz parte do local de estudos, junto com objetos ainda em uso como cadernos, canetas e livros.

*O computador é grande em tudo,
para ajudar ou para atrapalhar.*

HORÁRIOS

Não convém sobrecarregar a agenda diária do filho com várias atividades nem deixar o horário muito solto. Por exemplo: de manhã, vai à escola. À tarde, ao inglês e à computação, por solicitação dos pais; mais tarde, à arte marcial, por escolha própria, e à natação, por indicação do médico. Não sobra tempo para digerir o que aprendeu na escola.

Não há dúvida de que atividades em excesso podem prejudicar o estudante, podem comprometer seu rendimento. A mãe e o pai, trabalhando fora e não tendo com quem deixar os filhos pequenos, colocam-nos em "atividades-babás", que ocupam as crianças enquanto os pais trabalham. Eles preferem que essas atividades tomem conta do filho em vez de pessoas "despreparadas", como empregadas, funcionários ou parentes desocupados. Realmente, a atividade-babá pode ser uma boa opção, desde que os pais fiquem sabendo o que aconteceu nesse período, e as crianças, mesmo "aprendendo alguma coisa útil", não sejam soterradas de compromissos a ponto de não ter mais tempo para brincar.

RITMO BIOLÓGICO

É preciso estabelecer tempo de rendimento máximo do seu filho para programar intervalos e administrar melhor o horário. Cada pessoa tem seu ritmo biológico. Uns rendem mais ao cair da tarde, outros pela manhã. Em geral, os alunos escolhem para estudar a matéria fácil nas horas em que mais rendem. *Isso precisa ser mudado.* A matéria mais difícil deve ser estudada nesse horário. A fácil não exige uma hora específica. Ou seja, chocolate, a criança come a qualquer hora.

Quando o rendimento começa a cair muito, está na hora de parar, levantar o corpo da cadeira, beber água, dar uma olhada na janela, brincar com o cachorro, realizar outra atividade que não tenha nada a ver com estudo, mas que possa ser interrompida dali a cinco ou dez minutos; porém, ele não poderá ligar a televisão. Se estiver passando um filme ou uma partida esportiva interessante, vai querer assistir ao programa até o fim e acabará deixando o estudo de lado.

Após o breve descanso, seu filho deve voltar a estudar a mesma disciplina e passar para outra só quando tiver terminado a anterior. Não convém interromper completamente o estudo na hora em que ele se cansa, mas dar um recreio e voltar ao desafio, de modo a não criar o vício de largar projetos sempre que surgirem dificuldades.

MÉTODO
O comportamento humano é contagiante. Se no mesmo ambiente há uma pessoa trabalhando e

outra descansando, com certeza as duas saem prejudicadas. É muito sábia a placa exibida em alguns escritórios e oficinas de trabalho com os seguintes dizeres: "Se não tens o que fazer, não o faças aqui".

Por isso, é bom que os filhos estudem em período igual. Assim, quando terminam, brincam todos juntos. Do contrário, quem brinca atrapalha quem estuda, pois este preferia brincar também.

Brincar é mais atraente e gostoso que estudar. Assim como assistir à televisão ou navegar na internet.

A televisão não cabe na sala de estudos. Se não houver jeito, deve ficar desligada, pois, na competição com um livro, ela ganha longe, por ter imagens e sons vívidos e coloridos. O livro, ao contrário, tem uma forma pouco atraente, porque seu conteúdo é expresso em letras imóveis.

Assim, mesmo que se tire o som da TV, ela foi feita para ser olhada. Dificilmente um estudante consegue olhar para uma tela, seja ela qual for, sem prestar atenção nela. E nada de estudar só na véspera da prova!

Mesmo que não tenha lição de casa para fazer, a criança deve repassar as matérias dadas naquele dia. Mas não basta ler com os olhos, precisa ler em voz alta, fazer resumos.

E cabe aos pais conferir a lição, checar resumos todos os dias. Se os pais não tiverem método, os filhos deixarão de cumprir suas obrigações. Até o sexto ano, a criança ainda precisa de ajuda, portanto os estudos também são da responsabilidade da família.

O preparo psicológico que deve ser adquirido para se viver bem a vida é sempre terminar o que se começa. Não se deve começar o dia seguinte arrumando o que se deixou de fazer no dia anterior. Primeiro, porque as primeiras energias do dia acabam sendo gastas em consertar o ontem – e o jovem, quando começa o próprio dia, já está cansado e desanimado. Segundo, porque, se o estudo do dia começar mais tarde, com certeza invadirá novamente o amanhã. Dessa forma, o jovem vive num círculo desgastante que só prejudica o rendimento e mostra forte indisciplina, resultado da falta de método.

FILHOS DISTRAÍDOS E HIPERATIVOS
Já disse que filhos com dificuldade de digerir informações não devem estudar sozinhos no quarto porque podem distrair-se facilmente com qualquer outra atividade. E, em geral, é isso o que os pais pedem ao distraído: que fique isolado no quarto para se concentrar. O melhor é colocá-lo perto de alguém que o auxilie, pai, mãe ou outra pessoa qualquer que assuma o papel de ouvinte ou mesmo de aluno dessa criança. O distraído tem de ler em voz alta e explicar o que acabou de ler.

O fato de ler em voz alta já obriga o cérebro a transformar símbolos visuais em sons articulados. É o início da concentração.

Muitos pais estão preocupados com o fato de seus filhos serem hiperativos, possuírem déficit de atenção, necessitando de um cuidado médico-psicológico especial. O que tenho observado é que, na maioria, essas crianças são, na verdade, mal-educadas, apesar de bem-criadas.

Criar uma criança é fácil, basta satisfazer-lhe as vontades. Educar é mais trabalhoso. Trata-se de prepará-la para viver saudavelmente em sociedade, o que significa que não basta ser inteligente, a criança precisa ter ética. Quando atendemos a todas as vontades dos nossos filhos, estamos criando um animalzinho, pois pertence ao comportamento animal fazer tudo o que quiser, fugir quando tiver medo, dormir quando tiver sono, comer quando tiver fome e assim por diante.

A criança tem de ser educada para saber o que deve e pode comer, como e quando; a que horas deve dormir e acordar etc. O mesmo deve ocorrer com as demais atividades. Uma criança fala por meio de suas atividades mais do que através das palavras que pronuncia. As crianças são naturalmente ativas. É a má educação que provoca uma "diarréia" de ações. Elas vão realizando diversas atividades sem digerir as idéias e os valores nelas envolvidos – e tudo isso acarreta um grande desgaste para sua formação. Dessa maneira, não ocorre a construção da personalidade.

Atendi um casal cujo filho era hiperativo. O casal não se entendia. A mãe permitia-lhe tudo porque, claro, "o menino era hiperativo"; o pai queria impor-lhe alguns limites, pois achava que a "hiperatividade já estava demais" e o que o menino precisava era de educação.

Ambos tinham razão. De fato, o rapaz era hiperativo, e precisei medicá-lo. Mas ele também abusava da situação. Quando a escola o repreendia, defendia-se com o diagnóstico: "Sou hiperativo e não posso me controlar!". A orientação que dei aos pais foi a de que a mãe não poderia perdoar-lhe tudo (mentiras, delinqüências...) sob o pretexto da hiperatividade. Quanto ao pai, disse-lhe que não poderia impor limites aos aspectos que envolviam impulsividade, irritabilidade, instabilidade e agressividade. Foi preciso dar início a uma reeducação familiar.

Os chamados TDAH ou DDAH (Transtorno do Déficit de Atenção com Hiperatividade) são problemas psiconeurológicos que interferem em praticamente todas as atividades, com manifestações na atividade (hipertividade) e/ou na atenção (déficit de atenção). A hiperatividade atinge quatro crianças do sexo masculino para uma do feminino. Esses transtornos ou distúrbios têm base genética e precisam de cuidados especializados e medicações altamente específicas. Um diagnóstico acertado, feito por especialista na área, ajuda bastante, principalmente com uma medicação adequada tomada na dose certa.

Delegar à escola a educação dos filhos?

ENTRE VÁRIOS FILHOS, cada um é único na sua existência. Os pais precisam respeitar suas individualidades, seus nomes, pois o filho construirá a sua própria história para honrar o sobrenome, ainda que todos vivam as mesmas situações.

O que de melhor as escolas podem fazer aos seus alunos é capacitá-los coletivamente para a excelência na competência profissional e não aceitarem o que seus alunos não devem fazer.

A cada uma, família e escola, cabe cumprir a parte que lhe compete, mesmo que possa haver algumas áreas de confluência e sobreposições, pois, para a escola, seus alunos são transeuntes curriculares; para os pais, seus filhos são para sempre.

DISCIPLINA

A palavra "disciplina" carrega em si um ranço de autoritarismo e de exclusão do diálogo que era comum no comportamento das gerações anteriores. Os pais dos adolescentes e crianças de hoje sentem até um certo mal-estar diante dessa palavra, a ponto de praticamente a banirem da educação dos filhos. É difícil dar nova noção a uma palavra cujo significado já está consagrado.

O conceito de saúde psíquica está ainda hoje muito baseado no funcionamento do indivíduo. Eu criei a Teoria da Integração Relacional com base nos princípios psicodramáticos de Jacob Levi Moreno, que afirma que a pessoa precisa atingir saúde social – que é o equilíbrio entre o ser individual e o relacional. Seus pilares são a disciplina, a gratidão, a religiosidade, a ética e a cidadania. Nessa teoria, disciplina significa qualidade de vida individual e social.

Esse conjunto de regras pode ser:

- obtido simplesmente pelo treino;
- adquirido pela própria experiência;
- aprendido por intermédio de alguém que atue como professor;
- absorvido pela imitação de um mestre. Nem todo professor é um mestre, embora um mestre seja sempre um professor. É o aluno que transforma seu professor em mestre, quando este ultrapassa o limite de transmissor de conhecimentos e cativa a admiração do aluno. Então, o aluno começa a interessar-se não só pelos conhecimentos pedagógicos, mas também pela vida, e passa a ter esse mestre como modelo. Nada impede que os filhos também considerem seus pais mestres e imitem seus passos.

Os pais contemporâneos perderam suas referências educativas, pois o que eles viveram quando crianças não serve mais e eles ainda não adquiriram novos recursos para educar estas "criancinhas" tão independentes, cheias de argumentos, alta prontidão nas respostas e reivindicadoras com fortes enfrentamentos. Portanto, para que não deleguem suas responsabilidades educacionais a terceiros é importante que tenham noções condutoras básicas para se relacionar com os filhos. Seguem adiante informações importantes que preparam os pais para fornecer a retaguarda familiar necessária a um filho que estuda.

Há dificuldades que prejudicam os estudos: ter de levantar toda hora para pegar o que precisa; não ter em casa o material básico, como a matéria a ser estudada; não ter onde sentar ou apoiar o material adequadamente. Não se faz lição de casa apoiando-se nos joelhos, em ambientes barulhentos ou consumidores de atenção e concentração etc.

A competência no estudo se revela no tempo consumido para o alcance da meta. Quanto menor o tempo para estudar um ponto, maior será o tempo para outras atividades. A mente se organiza quase automaticamente de acordo com o tempo disponível. Se é muito, a mente desvia o foco dos estudos e sua atenção é roubada para outras atividades. Se é pouco, ela se concentra em torno da tarefa que tem a cumprir. Daí a importância de se estabelecerem metas. Dividindo-se a tarde de estudos em pequenas metas, cada uma delas com um tempo demarcado, seguido de um intervalo também com tempo predeterminado, obriga-se a mente a se organizar e a se adequar à necessidade.

Quem não estabelece metas e prazos corre o risco de chegar até o último momento sem ter conseguido estudar o necessário. Estudantes sem esta administração perdem longo tempo para estudar o que outros fazem em tempo muito menor.

CONTROLAR A VONTADE DISPERSIVA

Não se pode esperar a vontade de estudar chegar. Esta espera pode ser infinita para a maioria dos estudantes, principalmente se ela se tratar da disciplina em que ele vai mal. É natural que a mente queira se ocupar do que gosta. Portanto, é preciso um esforço extra para estudar assuntos que nos parecem pouco estimulantes. Uma atividade pode ter iniciadores mentais e/ou físicos. Pertencem aos primeiros a vontade, a motivação, a ambição etc., que nem sempre são suficientes para começar a estudar uma matéria detestável. Porém, vista uma criança de *Superman* e ela o imitará fingindo que voa. Dê-lhe uma espada de brinquedo e ela se sentirá um espadachim; não raro, sairá investindo contra inimigos invisíveis. Do mesmo modo, vestir a mente com comportamento de estudo faz a vontade vir. Faz-se isso pondo-lhe o material necessário nas mãos. Se o estudante ler em voz alta, ou tentar resolver um problema, ou fazer um exercício, mesmo sem vontade, a mente logo se organiza para obedecer ao corpo. Em pouco tempo o estudo estará em andamento.

*O ato corporal de estudar pode aquecer
a mente e prepará-la para a concentração.*

DESCONFORTO FÍSICO

Se, mesmo em condições normais, estudar é difícil para muitos estudantes, qual será o rendimento caso esteja com câimbras, diarréias, vômitos, fome, frio, sede, sono ou qualquer outro mal-estar físico? Todos estão sujeitos a doenças e problemas físicos que abatem a disposição e o ânimo. Muitos desconfortos desse tipo, entretanto, são evitáveis. Entre eles, estão os cuidados que se deve ter com a satisfação das necessidades biológicas básicas. Para enfrentar um exame importante, o examinando precisa estar bem alimentado, hidratado, com sono em dia, enfim, nas suas melhores condições físicas, pois o desgaste mental poderá ser muito grande. Não se deve tomar calmantes, psicoestimulantes ou qualquer outro tipo de droga; não se deve ir a baladas na noite precedente à prova, nem correr riscos desnecessários. Para alguns, pode parecer besteira ouvir tudo isso, já que eles têm consciência do que enfrentar, mas há outros que não têm essa responsabilidade nem compromisso e vivem no *carpe diem* do onipotente juvenil.

CADA CONTEXTO, UMA CONSEQÜÊNCIA

É dentro de casa, na socialização familiar, onde existe maior tolerância que na comunitária, que um filho adquire, aprende e absorve a disciplina para, num futuro próximo, ter saúde social. As regras funcionais que já foram ensinadas pelos pais e professores deveriam ser exigidas para que os filhos as registrem dentro de si. A escola conta com esta educação familiar como um mínimo necessário para que o aluno aprenda a conviver com outras pessoas num meio comunitário. No ambiente escolar, ele aprende mais regras e assume maiores responsabilidades. O não-cumprimento delas traz conseqüências. O contexto escolar é menos permissivo e proporciona menor envolvimento e desgaste afetivo do que o meio familiar. Suas normas e as conseqüências do desrespeito a elas são mais claras e definidas (são até mesmo escritas).

A sociedade praticamente não ensina, somente sinaliza as regras a que se deve obedecer, na esperança de que cada cidadão tenha preparo suficiente (familiar e escolar) para viver de acordo com elas. Suas leis estão escritas e as contravenções são punidas sem as atenuantes escolares e o afetivo clima familiar.

Um desrespeito aos pais pode ser relevado;
aos professores, já implica advertência;
às autoridades sociais, punição.

A AUTO-ESTIMA REGENDO A DISCIPLINA

Auto-estima é o sentimento que faz com que a pessoa goste de si mesma, aprecie o que faz e aprove suas atitudes. Trata-se de um dos mais importantes ingredientes do comportamento humano — é um item fundamental para estabelecer a disciplina. Pode ser essencial ou fundamental. A essencial é gratuita. É a que uma criança recebe dos seus pais assim que nasce, simplesmente porque nasceu, porque é seu filho. Em teoria, supondo-se que os pais sejam normais, toda criança tem essa auto-estima essencial. O reservatório dessa auto-estima é preenchido pelo amor gratuito que recebe dos pais. A fundamental é conquistada quando uma pessoa é bem-sucedida nas suas pretensões: quando ela própria aprecia algo que realizou e fica feliz com o que fez.

Se essa realização é produto da sua própria competência, isto é, não depende de terceiros nem dos pais, ela alimenta a aprovação de si mesma e sua íntima (e saudável!) vaidade pessoal. O que se consegue com os próprios esforços produz ótimas sensações, desde um pequeno prazer até a plena satisfação da vitória absoluta. É por isso que os alunos progridem cada vez mais naquilo que fazem bem. Em contrapartida, tudo o que diminui a auto-estima fundamental é abandonado; portanto, o indivíduo tende a piorar naquilo em que vai mal.

Na infância, a auto-estima fundamental é alimentada toda vez que uma criança realiza algo e isso pode ser dimensionado. Porém, ser aplaudida ou elogiada quando ela própria sabe que não merece distorce essa auto-estima. Quando os pais fazem tudo pelo filho, mesmo o que ele próprio seja capaz de fazer, estão prejudicando essa auto-estima. O primeiro prejuízo é dele mesmo, por não ter realizado aquilo que era capaz de fazer. O prejuízo maior decorre da evolução desse processo, pois, não fazendo, ele acaba perdendo a capacidade, piorando muito sua auto-estima.

O principal ingrediente da auto-estima, fundamental ao adolescente, é a auto-aprovação do que ele pensa, sente ou faz. Portanto, sua auto-estima depende muito mais da própria auto-avaliação que daquilo tudo que ganha de graça dos pais. Quanto mais fragilizado estiver, mais essa auto-estima vai depender da aprovação de outras pessoas. Em vez de cumprir suas tarefas, o adolescente vai se desgastar em agradar os outros.

O adolescente dá prioridade à aprovação de sua turma em detrimento da aprovação da própria família. Não tem tanta importância saber que é estimado pelos pais quando ele mesmo se recrimina ou se rejeita por algo que não consegue realizar ou conquistar ou, pior ainda, quando se sente rejeitado pelos amigos. A orientação de um professor pode fazer o aluno sentir-se valorizado (alimentação psicológica) ou diminuído (desnutrição psicológica), dependendo do estado da sua auto-estima. Utilizo o termo "desnutrição" porque, quando é atingida durante um episódio em andamento, a auto-estima sofre uma imensa queda, como se tivesse sido privada de alimento por um longo tempo e não como se tivesse perdido apenas uma única refeição. Quanto melhor for a auto-estima fundamental, tanto mais a pessoa se torna disciplinada. Por sua vez, a disciplina aumenta a auto-estima. Nutre-se, desse modo, este ciclo disciplina-auto-estima.

ESTILOS COMPORTAMENTAIS

O comportamento humano tem três estilos: vegetal, animal e humano.

O estilo vegetal busca a sobrevivência nas condições ambientais que encontra. O estilo animal busca a saciedade dos seus instintos. O terceiro estilo é o humano, que, dotado de inteligência, busca a felicidade. Uso a palavra "estilo" porque o vegetal não tem neurônios e também porque, mesmo que haja o estilo vegetal ou animal, ainda se trata do ser humano.

Os instintos básicos de sobrevivência estão no tronco cerebral; as emoções, a autopreservação e a perpetuação da espécie estão no diencéfalo. O tronco cerebral e o diencéfalo formam o sistema límbico, responsável pelo comportamento emocional. O intelecto está no neo-córtex ou cérebro superior. É o intelecto que diferencia o ser humano de outros seres, porque é onde se encontra a inteligência, responsável pela criatividade, pela disciplina, pela religiosidade etc.

LIMITES DO ESTILO VEGETAL

Não se pode exigir que um vegetal se comporte como um animal, ou que este atue como um humano. Porém, o humano freqüentemente usa o estilo vegetal ou animal de comportamento. O ser humano tem o *estilo vegetal fisiológico*, de modo compreensível e esperado, quando está na condição do feto, do recém-nascido, do paciente comatoso, da pessoa demente etc. Para sobreviver, necessita da ajuda de outras pessoas. Não se pode esperar dele um comportamento humano. Entretanto, há o *estilo vegetal psicológico*: é quando uma pessoa, mesmo com capacidade para fazer, nada faz e espera que os outros façam tudo por ela. Exemplos? O manhoso que quer comida na boca; o folgado que não se mexe quando vê outra pessoa precisando de ajuda; o aluno que não estuda e cola nas provas; os pais que dizem "quando crescer, o filho melhora" etc. Os citados deixam tudo por conta do alheio. É um estilo de indisciplina passiva, na qual as pessoas se acomodam, não têm aspirações nem ambições. São pessoas retrógradas que vivem muito aquém dos seus limites.

O estilo vegetal continuará existindo enquanto houver uma pessoa que o atenda. Caso não encontre, terá que se movimentar. A planta procura adaptar-se ao meio em que está para sobreviver. O comportamento vegetal procura transformar seus provedores em escravos do seu meio. Os "vegetais" reclamam, agridem e depois tornam-se violentos contra as pessoas que não mais querem provê-los, numa tentativa de manterem a sua tirania. Sofrem, pois acabam se limitando ao que os seus provedores-escravos lhes fornecem. Quanto mais aumentam suas necessidades, mais têm que exigir dos outros. A superação desse limite interno que paralisa os "vegetais" começa com um conjunto de ações: procurar ele próprio fazer e seus provedores-escravos deixarem de fazer por ele. Se a mãe deixar de trazer o copo de água exigido pelo filho jogado na poltrona à frente da televisão, o filho "vegetal" com certeza não morrerá de sede. Fará primeiro um grande escândalo, atitude "animal". Se tamanha pressão não transformar o não da mãe em sim do "animal", terá que surgir o "humano". Ele mesmo pegará seu copo de água.

LIMITES DO ESTILO ANIMAL

O que motiva o animal a saciar os instintos é o incômodo da necessidade. A fome, por exemplo. Os instintos existem para preservar a sobrevivência e a perpetuação da espécie. O que caracteriza a saciedade é seu caráter cíclico: fome-saciedade. Assim que a saciedade se desfaz, a fome reativa a ação em busca de alimento. Na saciedade, o animal fica sossegado, parado. Os animais usam estratégias para saciar os instintos, que são comportamentos geneticamente determinados. Um felino veloz faz tudo para colocar em campo aberto sua presa, a fim de caçá-la com mais facilidade e saciar sua fome. Os lêmures esfregam suas glândulas genitais em galhos e arbustos para atrair as fêmeas a fim de saciar o instinto sexual. Quando não têm fome ou o instinto sexual está saciado, os animais apresentam outros comportamentos.

O comportamento estilo animal pode surgir em diferentes situações: em momentos de alta tensão psíquica; como recurso (hábito ou vício) comportamental; quando não se usa o cérebro superior etc. Nesse tipo de comportamento, a pessoa livra-se do problema, mas não o resolve. Se, numa briga com o companheiro, a mulher avança na comida ou sai às compras, não resolve o problema afetivo, mas sacia sua vontade de comer ou de comprar. O que comeu? O que comprou? Não importa. Comendo ou comprando até a exaustão, saciou a vontade, obtendo o sossego. Esse alívio da tensão psíquica camufla o conflito afetivo, oferecendo uma falsa sensação de paz afetiva. É uma atitude que pode ser considerada um distúrbio do comportamento, como o é a violência com que reage um motorista contra outro motorista, seja qual for a razão. Causa acidentes, tumultua o trânsito, pode ferir pessoas... Começa como indisciplina. É também como reage uma criança mimada ao ser frustrada. O seu cérebro superior não entra em ação, o que caracteriza o estilo animal.

O "animal" rompe o limite humano e causa danos aos outros e a si mesmo. Geralmente se arrepende quando cai em si. O que demonstra que um pouco mais de educação transformaria este estilo animal em humano.

Quando os pais permitem que a criança faça tudo o que tem vontade e não estabelecem limites na medida certa para a idade, ela não desenvolve plenamente o uso da razão, vivendo um estilo animal de vida.

Apesar de ter suas vontades saciadas, a criança não se sente feliz. Tão logo passe a saciedade, o incômodo volta. Uma criança pode ter muitos brinquedos, mas, quando vem a vontade de ganhar novos presentes, parece que não tem nenhum. Quem é feliz tem o prazer de brincar com seus brinquedos, conserva-os com carinho e fica chateado se os perde. Quando cansa de brincar, guarda-os para brincar outra hora. Uma criança feliz é disciplinada. A disciplina aumenta sua felicidade. Um filho educado é feliz porque tem boa auto-estima, resultante da responsabilidade sobre o que lhe pertence. Por isso, não confunde a saciedade da vontade de ter com a felicidade de ser.

LIMITES HUMANOS

Os seres humanos saudáveis são espontâneos e criativos. A civilização tem caminhado graças às respostas novas a velhos problemas, e às soluções inusitadas a problemas vigentes, além de ampliar seus limites, por não se conformar em viver sob o reinado da fisiologia humana. Os seres humanos conseguiram superar muitos limites fisiológicos. Os aviões nos permitem voar muito melhor que os pássaros; mergulhamos e enxergamos nas profundezas escuras dos oceanos com os submarinos e seus faróis; o carro nos permite correr muito mais rápido e por mais tempo que os guepardos; não morremos por falta de alimento, pois sabemos armazená-los e conservá-los; nem de frio, pois temos aquecedores; nem de calor, pois temos ar condicionado e ventiladores; controlamos a natalidade; estendemos a longevidade. É praticamente impossível falar aqui de todos os avanços conseguidos pelo homem.

O ser humano progressivo é o que busca sempre melhorar seus resultados, aprendendo a economizar seus recursos, a poupar tempo e a evitar desperdícios de qualquer espécie para superar cada vez mais a sua marca anterior. Limites não são quebrados, mas ampliados e expandidos. Marcas são superadas. *Performances,* melhoradas. O que era considerado excelente deixa de ser quando se descobrem novos recursos ou novas técnicas; quando encontram diferentes aplicações a campos já conhecidos; quando há migrações de uma área para outra etc.

Portanto, a perfeição se torna provisória ou passageira para o ser humano progressivo. Nossa mente é tão rica que ela cria e desenvolve soluções para conflitos e problemas que ela mesma produz. A humanidade está provando que não existem problemas sem soluções.

O progressivo que não tem organização nem empenho obtém menores resultados que aquele que empreende com disciplina e ética. A formação de um cidadão feliz e competente para o trabalho requer bastante disciplina. Para que todos prosperem e para que o Brasil realize verdadeiramente o seu potencial, é preciso oferecer às nossas crianças e adolescentes a oportunidade de uma educação melhor e de desenvolvimento de uma consciência plena.

Todos nós somos responsáveis pela formação e criação de uma geração para assumir este Brasil que estamos lhes deixando.

JUVENTUDE & DROGAS: ANJOS CAÍDOS

Maconha

CABEÇA FEITA

O caminho para chegar ao *casamento* com as drogas ilegais é bem parecido com o percorrido por dependentes de álcool e cigarro. O que muda é a *paquera*, pois não se vêem comerciais elogiando as virtudes da maconha ou da cocaína, por exemplo. Pelo contrário, as propagandas sobre o tema transmitem a mensagem oposta, de que as drogas são verdadeiras "drogas" (coisas ruins).

Os pais dizem que maconha é ruim, que é a porta de entrada para outras drogas, que destrói a pessoa e a família. Na escola, a criança aprende que droga faz mal, e por volta da quarta, quinta série, a criança já dispõe de alguma informação sobre a maconha. Dessa maneira, como tem pouco acesso aos elementos sedutores das drogas ilegais, ela fica com a imagem de que são ruins. Olha torto. O patrulhamento feito por ela é pior até do que no caso do cigarro. Por essa razão, a criança fica preservada até a fase em que começa a ter mais independência ou liberdade.

Quando passa a freqüentar festinhas, a ficar mais tempo na escola, no clube e a sair com amigos, o adolescente repara no outro lado da maconha, naquele sobre o qual as pessoas nunca falavam.

Um dia fica sabendo de alguém que fuma maconha ou *canabisa*[2]. Talvez nem se interesse pela pessoa, porém o mais comum é querer se aproximar para checar os conhecimentos que já tem. E, aí, a grande surpresa! No lugar de um ser humano em destroços, encontra uma pessoa simpática, que faz sucesso na turma. E com um ou dois anos a mais do que ele. Então, se for inseguro e quiser parecer mais velho, acha que conseguirá ao acender um baseado.

Aos poucos, o adolescente vai reunindo muita informação sobre a maconha que contradiz tudo o que aprendeu quando criança.

Sem acesso à verdade das informações, o jovem acredita no que vê e testemunha. Aprende a aceitar os velhos argumentos de que "a maconha faz menos mal do que tabaco e álcool". Na cabeça dele, é isso mesmo que parece. "Então, por que não legalizam a maconha, já que existem coisas piores que são legalizadas?" Ele se baseia em informações erradas, sem comprovação científica, que minimizam os prejuízos e maximizam o prazer.

Aqui, a *paquera* já começou há muito. Nessa etapa, nasce o desejo de experimentar maconha.

---

2   Criei o termo canabisar para o ato de fumar maconha por semelhança com *canabiser*, do francês, que designa o uso da maconha. O nome científico da planta da qual a maconha se origina é *Cannabis sativa*.

"Se todo mundo fuma (*canabisa*), por que eu não vou fumar (*canabisar*)?" Esse desejo brota justamente no momento em que o adolescente está mudando de referências e quer se relacionar com pessoas de sua idade. Agora os amigos passam a ser mais importantes do que a família. O que amigos falam e fazem é supervalorizado, enquanto que as posições da família são desdenhadas. A influência dos pares passa a ser mais forte que a dos pais.

CURIOSIDADE E DESEJO

A primeira experiência em geral é feita em grupo, ao lado de alguém que *canabisa* há mais tempo. Acontece bem longe dos pais, sob um clima de amizade, cumplicidade, aventura e expectativa. O fato de ser ilegal não o impede de experimentá-la. Requer apenas um pouco mais de cuidado, para não "dar bandeira" ou "pala" (aparentar) e não "dançar" (ser surpreendido em flagrante).

Diferentemente do que os pais imaginam, nenhum *canabista* ou eventual usuário obriga outro adolescente a dar a primeira fumada. Seja qual for o motivo, o desejo de experimentar já existe dentro dele, aguardando o momento de ser concretizado.

A primeira *ficada* com a maconha é diferente da relação com o cigarro. Em quantidades pequenas, a erva não traz grandes alterações psicológicas, só euforia, como "rir de bobeira", "rachar o bico". O riso é espalhafatoso, exagerado. Por isso, é muito comum o *ficante* nada sentir nas primeiras duas ou três experimentadas.

PROIBIR É UM ESTÍMULO

O proibido parece mais gostoso, por isso, a iminência de praticar um ato ilegal aumenta a emoção. Segundo a neurocientista Suzana Herculano-Houzel, no seu livro *O cérebro em transformação*[3], "a euforia do comportamento de risco vem da liberação de grandes quantidades de dopamina sobre o núcleo acumbente, associada à ação direta de outro hormônio do estresse, o cortisol, este sim capaz de atravessar a barreira entre o sangue e o cérebro e ativar diretamente o sistema de recompensa". Simplificando o que Houzel diz: o estresse estimula a *glândula supra-renal* a produzir o *cortisol* que, pelo sangue, chega até a área *tegmentar ventral do cérebro*, que então despeja *dopamina* sobre os neurônios do *núcleo acumbente*. Assim funciona o sistema de recompensa.

SISTEMA DE RECOMPENSA

A ação é formada no córtex pré-frontal, e a área tegmentar ventral recebe, através dos órgãos dos sentidos, as informações corporais do ato realizado. Se tal ação obtiver sucesso, os neurônios *dessa* área despejarão o neurotransmissor dopamina sobre os

[3] HERCULANO-HOUZEL, Suzana. *O cérebro em transformação*. Rio de Janeiro: Objetiva, 2005.

neurônios receptores do núcleo acumbente. Quando se ativa esse sistema, o organismo sente um grande prazer. Esse prazer estimula a repetição daquela ação para produzir mais prazer. Assim funciona o sistema de recompensa.

O prazer é resultante da estimulação desse sistema. Tal estimulação é resultante da ação realizada pela pessoa. Resumindo: essa ação provoca prazer. Todas as experiências e ações da vida que provocam prazer, alimentam o sistema de recompensa, e é graças a esse sistema que a vida continua, isto é, buscamos comer, dormir, ter vida sexual etc. Entretanto, é também graças a ele que surge o vício.

O vício se caracteriza quando há três condições:

1 compulsão repetitiva para buscar aquele prazer;
2 tolerância aumentada, ou seja, é preciso doses cada vez maiores;
3 síndrome de abstinência, o organismo e/ou a psique sofrem sua falta.

Assim, esta primeira *ficada* acaba sendo uma aventura realmente sedutora, e dela surge a vontade de experimentar mais. Repetir a experiência corresponde ao primeiro uso da maconha com a finalidade de voltar a sentir o que já sentiu. Quanto maior o prazer da primeira vez, tanto maior será a vontade de tornar a senti-lo. Por se tratar de algo ilegal, não pode ser uma *canabisada* ostensiva. Entretanto, como o próprio usuário se acostuma com o uso, também a sensação de ilegalidade vai diminuindo. Cercado de outros usuários, ele tem a impressão de que todo mundo fuma.

> *Não são as más companhias que aliciam o filho ou fazem pressão para que ele use drogas, já existe dentro dele o desejo de experimentá-las.*

A preocupação quanto à legalização ou não da maconha costuma aparecer depois da *ficada* e cresce quanto maior for o envolvimento com ela. É muito difícil um adolescente que não usa maconha defender sua legalização.

MAS ELE USA...
Infelizmente, na sociedade vencem as informações que banalizam os efeitos da maconha, enquanto as informações científicas e psicológicas que dão a real dimensão do seu uso não ganham o espaço merecido e necessário.

A fama dá poder a suas palavras, que pouco ou nada têm de científico e psicológico. Falar sobre aquilo de que não se tem verdadeiro conhecimento é falta de responsabilidade social, pois o público que reconhece sua notoriedade tende a acreditar nessas palavras.

A maioria dos usuários a que atendo minimiza seu uso para os pais quando estes descobrem. O sonho dos pais está muito longe da realidade desses filhos, que podem contra-argumentar: "Que diferença existe entre meu baseadinho de fim de semana e o seu uísque (ou cigarro) de todos os dias? Além disso, um usuário de drogas sempre encontra outro em piores condições. Por isso, não se comparar com alguém em melhores condições é um mecanismo de defesa do usuário.

O aperitivo do pai num fim de semana ou o pesado tabagismo da mãe não diminuem a ação da maconha no organismo do filho.

O que os pais não devem fazer é minimizar os próprios vícios e problemas. É melhor confirmar para o filho que eles têm, sim, os seus problemas, mas isso não deve ser encarado como justificativa ou permissão para que outras pessoas, em especial os próprios filhos, façam uso de drogas.

BASTA SER GOSTOSO QUE É BOM
Quando pergunto aos jovens por que usam maconha, é comum ouvir a resposta: "Porque é bom". Se pergunto por que é bom, invariavelmente eles dizem: "Porque é gostoso, porque dá prazer".

Nesse diálogo, como vemos, transparece a confusão de critérios entre bom/mau e prazer/desprazer. Bom ou mau é um critério racional, que o ser humano estabeleceu por meio da teoria e da prática, à medida que algo faz bem ou mal para a vida. Prazer/desprazer é um critério pessoal de sensação física, não depende de nível social, cultural e econômico, de estado civil nem de outro critério racional, pois pode-se dizer que faz parte do instinto de sobrevivência do ser humano.

A fome, por exemplo, é desprazerosa. Obriga o ser vivo a buscar a saciedade que acaba com esse sofrimento. Portanto, comer é bom e dá prazer. Mas nem tudo que é bom é prazeroso. Tomar uma injeção intramuscular de penicilina não é algo que dê prazer; pelo contrário, é muito dolorido. Mas é bom porque acaba com a infecção.

Assim, nem tudo que é gostoso é bom. As drogas são prazerosas, isto é, dão prazer aos seus usuários. Mas depois chega uma fase em que o uso serve apenas para aliviar o sofrimento causado pela falta da droga. Portanto, deixa de ser prazeroso. Enfim, a droga não é boa mesmo que ela dê prazer.

MACONHA VICIA, SIM!
O grupo de cientistas de Steven Goldeberg, no National Institutes of Health (NIH) dos Estados Unidos, conseguiu comprovar em experiências de laboratório com macacos que a maconha vicia mesmo. Ou seja, a maconha não é tão diferente da cocaína como se pensava. Segundo Suzana Herculano-Houzel, "... a maconha, como outras drogas, age no sistema de recompensa do cérebro, ativando o

núcleo acumbente. Quando estimulado diretamente, esse sistema produz sensações de prazer e euforia no homem"[4].

Está comprovado cientificamente que a maconha vicia. Cai, assim, por terra, o argumento dos usuários "Fumo porque maconha não vicia". E eu já tinha certeza de que a maconha vicia, pois atendi em meu consultório muitos adolescentes *viciados* em maconha.

Maconha: Onde? Quando? Para quê?

Sabendo onde, quando e como os jovens fumam maconha, pais e professores podem descobrir, combater e prevenir melhor o seu uso.

LOCAIS PREFERIDOS[5]
"A ocasião faz o ladrão", diz o ditado popular. Pois eu acredito que a ocasião desperta o ladrão que já existe dentro de alguns. Machado de Assis já dizia: "A ocasião faz o furto, o ladrão nasce feito". Quem não carrega esse ladrão dentro de si não rouba, por mais favoráveis que sejam as condições para fazê-lo.

---

4 HERCULANO-HOUZEL, Suzana. *O cérebro nosso de cada dia* – Descoberta da neurociência sobre a vida cotidiana. Rio de Janeiro: Vieira & Lent, 2002, p. 112.
5 Para saber mais, ler *Juventude & Drogas: Anjos Caídos*. São Paulo: Integrare, 2007 (N.E.).

Do mesmo modo, não são certos locais que suscitam o uso das drogas; eles apenas funcionam como facilitadores quando já existe uma vontade prévia.

Pouco adianta simplesmente proibir os jovens de freqüentar tais lugares. O que devemos fazer é prepará-los. Eles precisam saber que os pais estão "ligados" e atentos aos ambientes que os filhos freqüentam. Embora a maconha possa ser usada em qualquer lugar, os usuários encontram condições mais favoráveis para canabisar nos seguintes locais:

- **Nos lares:** em casa, nos prédios e condomínios.
- **Nas comunidades:** escolas, clubes, agremiações e, também, em suas imediações.
- **Na sociedade:** carros, ruas, praças, botecos, escadarias e esquinas.
- **Em eventos de grande público:** shows, estádios etc.
- **Nos fins de semana, feriados e férias:** casas de veraneio, praias e acampamentos.
- **Em festas:** *raves* e festas *legalize*.

Quarto, banheiro e terraços são os locais mais visados. Acende-se o baseado quando não há adultos ou pessoas indesejáveis (as que não usam drogas) por perto.

NOS ESPORTES

Onde existem jovens, sempre pode haver maconha – isso não é diferente nos esportes. Algumas modalidades têm maior número de canabistas do que outras, porém, atualmente, não se pode dizer quais as modalidades esportivas que o canabista procura. Quando se pensava que esportes afastavam os jovens das drogas, isso era parcialmente verdadeiro. O que é inteiramente verdadeiro é que as pessoas, sob os efeitos da maconha, perdem drasticamente o seu desempenho.

A proposta para que o canabista deixe de sê-lo é a prática de esportes coletivos e competitivos, nos quais ele é obrigado (e cobrado) pelos seus colegas a produzir, a ser eficiente. Ou pára de praticar esse tipo de esporte, ou pára de usar a maconha.

O fato de um filho ser esportista não garante sua imunidade ao vício.

PARA QUE ACENDER UM BASEADO?
Para começar o dia, "melhorar o que está bom"; "aumentar a curtição" de fazer algo; curtir um som ou um visual da natureza; por não ter o que fazer; para ajudar a passar um tempo chato ou uma atividade rotineira; para sossegar após ter usado cocaína; para relaxar após qualquer atividade; para marcar a passagem de uma atividade para outra; quando encontram outros canabistas; quando saem para dar um "rolê"; quando sabem que não vão ser surpreendidos pelos pais; antes de dormir... Para canabistas obstinados, qualquer hora é hora, qualquer motivo é um bom motivo.

Nem sempre o baseado é fumado até o fim. Quando o canabista sabe que não vai ter condições de ficar "curtindo a viagem", dá somente de três a cinco "tapas" ou "pegas" (tragadas), apaga e guarda o restante para outro momento.

OS COMPANHEIROS DE FUMO

Quem usa maconha logo reconhece outro usuário. Quem não a usa – a maioria dos pais, por exemplo – nem desconfia quem são os consumidores da droga.

Há os que canabisam sozinhos. São tão acostumados a fumar (nunca se denominam viciados) que já têm reservas de maconha em casa e um ritmo de uso padronizado. Encontrar outros usuários dá muito trabalho e ainda pode limitar bastante o consumo. O que importa é canabisar, não as companhias.

Há os que fumam somente em grupo. São os esporádicos ou os que fazem o habitual uso social. Não encontram graça em fumar maconha sozinhos.

TABELA PARA UM DIAGNÓSTICO RÁPIDO DO USO DA MACONHA

A maconha pode ser usada por *recreação*, *hábito* ou *vício*. Eu criei uma classificação que não segue o determinado pela Organização Mundial da Saúde (OMS), mas tem-me facilitado muito um diagnóstico da situação, integrando os conhecimentos psiquiátricos e a prática psicoterápica com a vivência das pessoas que me consultam.

Na tabela, temos dezesseis tópicos colocados nas horizontais e avaliados nas três etapas de uso, nas verticais (num total de 48), explicações sumárias de cada um deles. Em seguida, faço alguns importantes comentários gerais, inclusive a avaliação da gravidade e dos riscos de cada coluna e sugiro os procedimentos mais adequados.

Um bom diagnóstico é importante porque permite saber em que fase do vício o usuário se encontra e, assim adotar os procedimentos adequados para a apresentação dos melhores resultados.

USO RECREATIVO	HÁBITO	VÍCIO
1. Não compra maconha	Compra	Compra
2. Não guarda em casa	Guarda	Guarda
3. Não sabe preparar	Sabe	Sabe
4. Sempre canabisa em grupo	Em grupo e sozinho	Mais sozinho que em grupo
5. Usa a metade de um baseado	Usa inteiro	Usa inteiro
6. Não guarda a bituca	Guarda	Tem "cemitério de pontas"
7. Não possui muitos apetrechos para o uso da maconha	Possui alguns apetrechos	Possui kit completo
8. Sem ritmo	Com ritmo	Com ritmo
9. Equivale a "ficar" com a maconha	Equivale a um namoro	Equivale a um casamento
10. Raramente dá filhotes (complicações)	Pode ter filhotes	Tem muitos filhotes
11. Faz apologia da maconha	Fanatismo	Faz parte da sua vida diária
12. Não muda o comportamento	Muda um pouco	Muda bastante

13. Mantém "bons" amigos	Muda as amizades	Muda bastante as amizades
14. Começa a agredir a mãe	Não pode ver a mãe	Isola-se dos pais
15. Usa para "festejar"	Usa para curtir	Nada faz nada se não usar
16. Controla o uso	Controla parcialmente	Perde o controle

CARACTERÍSTICAS DO VÍCIO

1. O viciado compra maconha em quantidade maior, prensada e medida em forma de tijolos, muitas vezes diretamente do traficante, o que aumenta sua situação de risco, porque precisa freqüentar os pontos-de-venda de drogas.
2. Não se preocupa tanto em escondê-la. Sua maconha pode ser encontrada com facilidade e, não raro, conservada no *freezer* da casa.
3. Sofistica o uso com grande habilidade tanto para preparar quanto para canabisar. Em qualquer folguinha é possível que ele canabise.
4. Canabisa na maioria das vezes sozinho e ainda dá uns "pegas" no baseado aceso de quem estiver por perto.
5. Chega a fumar entre oito e doze baseados por dia. A tolerância faz com que o viciado não sinta os mesmos efeitos que experimentava quando ainda canabisava pouco. Não chega a ficar "chapado". Tudo indica que o cérebro se acostuma a funcionar com alto nível de THC no sangue. Atendi pais que não imaginavam que o filho ca-

nabisava tanto, apenas percebiam que o filho estava bem mais lento, distraído demais e altamente irritadiço.

6. Há viciados que não desperdiçam nada e outros que, por terem muita maconha e sem disposição para guardar as "pontas", tornam-se esbanjadores.

7. Conhece praticamente todos os meios de usar a maconha. Pode montar um narguilé (espécie de cachimbo, no qual a fumaça passa primeiro por um líquido antes de chegar à boca) com latinhas, vasilhames, canetas e canudos de plástico. Mas a prática preferida é a que dá menos trabalho.

8. Para o viciado, qualquer hora é hora de canabisar. Para estabelecer ritmo, é preciso que haja um intervalo, até que o efeito passe, antes de canabisar outra vez.

9. O viciado fica tão comprometido com a droga quanto se estivesse preso num mau casamento do qual não conseguisse desvencilhar-se. Ela está presente em todos os momentos de sua vida, principalmente quando o jovem não estuda nem trabalha. Nessa relação não existe amor, existe, sim, uma dependência tão grande que sem a droga ele nada faz.

10. São muitos os "filhotes" desse relacionamento destrutivo: perda de interesse no estudo, no trabalho, nas relações sexuais, no empenho em qualquer atividade que exija esforço; perda de concentração e de memória; perda do pragma-

tismo útil (capacidade de realização); diminuição da capacidade de amar, de se cuidar, de enfrentar situações adversas ou frustrantes; aumento da irritabilidade, da instabilidade e da agressividade; e aumento do isolamento social e doméstico. Raramente o viciado rouba, pois a maconha é barata. Em quantidades maiores, chega a custar menos de R$ 1,00 o grama. Com um grama se faz uma "tora" (ou "bucha", que é um baseado grande) ou dois "fininhos". Quando começa a sumir dinheiro de casa, geralmente isso se deve ao consumo de outras drogas.

11. O viciado já não se interessa pela defesa ardorosa do uso da maconha. Simplesmente a consome sem questionar o que está fazendo, sem vontade e sem pensar porque a usa obrigado pela síndrome de abstinência. Reduz suas aspirações de vida ao mínimo indispensável.

12. O viciado muda bastante o seu comportamento, assim como sua existência. Ele perde as características pessoais e passa a ter um "jeito" comum que a maconha provoca: desmazelo com suas coisas, negligência com o corpo, descaso com os relacionamentos, inércia na maior parte do tempo. Sua relação com a família é apenas conflito: muita gritaria e confusão, ameaças, descumprimento das promessas e pouquíssimos resultados práticos.

13. Seus melhores amigos são agora os companhei-

ros de consumo. Estes se interessam somente pelo viciado e desconsideram os familiares a ponto de invadir a casa sem convite e sem ao menos cumprimentá-los. Seus telefonemas são curtos e, quando outros familiares atendem, interrompem a ligação.

14. O comportamento do viciado piora tanto que passa a agredir também o pai, além da mãe. Não tolera a interferência de ninguém em sua vida. Simplesmente deixa de pedir as coisas aos pais – passa a exigi-las. Ameaça fugir de casa se não o deixarem em paz, isto é, canabisar em paz.

15. Como um tabagista crônico que nada de especial sente ao fumar – mas fuma assim que acorda, quando entra no carro, quando toma um cafezinho –, o viciado em maconha também não faz altas viagens nem muda muito de humor, mas mantém o nível de THC no sangue de modo a ficar "sossegado". Ele associa o consumo da droga às atividades básicas do dia-a-dia. O cérebro se acostuma a funcionar nessas condições em atividades básicas e automáticas que não exijam esforço, memória, concentração nem carga afetiva.

16. O viciado é controlado pela maconha, isto é, a maconha ocupa o primeiro lugar em seus pensamentos, pois a todo o momento procura brechas em suas atividades para canabisar. É como uma pessoa que tem seu código de valores alte-

rado pelo excesso de fome: não pensa em outra coisa, ele atingiu o ponto máximo – é escravo da maconha.

EDUCAÇÃO, FELICIDADE & CIA.

Portas

SE VOCÊ ENCONTRAR uma porta à sua frente, pode abri-la ou não. Se você abrir a porta, pode ou não entrar em uma nova sala. Para entrar, você vai ter de vencer a dúvida, o titubeio ou o medo. Se você venceu, dá um grande passo: nessa sala, vive-se. Mas tem um preço: inúmeras outras portas que você descobre.

O grande segredo é saber quando e qual porta deve ser aberta. Não existe a segurança do acerto eterno.

A VIDA NÃO É RIGOROSA: ela propicia erros e acertos. Os erros podem ser transformados em acertos quando com eles se aprende e os corrige.
A VIDA É HUMILDADE: se a vida já comprovou o que é ruim, para que insistir? A humildade dá a sabedoria de aprender e crescer também com os erros alheios.
A VIDA É GENEROSA: a cada sala em que se vive, descobrem-se outras tantas portas. A vida enriquece quem se arrisca a abrir novas portas.
Ela privilegia quem descobre seus segredos e generosamente oferece afortunadas portas.

MAS A VIDA PODE SER TAMBÉM DURA E SEVERA: não ultrapassando a porta, Você terá sempre essa mesma

porta pela frente.
É a cinzenta monotonia perante o arco-íris.
É a repetição perante a criação.
É a estagnação da vida.

Sábios passos do aprendizado

Quando uma pessoa nem sabe que não sabe,
traz dentro de si uma forma de tranqüilidade.
Tem sua vida limitada pela falta de conhecimento.
Vive aquela paz do conformado, santa ignorância!

Quando ela descobre que sabe que não sabe,
sente-se incomodada, inquieta e até excluída.
Seu cérebro não suporta ter lacunas ou dúvidas
e, buscando aprender, com prazer descobre o saber.

Agora que sabe que sabe, quer contar a todos
como um adolescente usando sempre seu tênis novo.
Expande sua auto-estima, numa vaidade saudável, e sente que agora pertence ao grupo dos que sabem.

Quando o saber acaba fazendo parte do cotidiano,
a pessoa nem se lembra de que sabe o que sabe.
Agora ela sabe que sempre existe o que ela não sabe,
e sua sabedoria a leva para
a humildade do aprender sempre.

Ética e mochila escolar[6]

"Quando o discípulo está pronto, o mestre aparece", diz um ditado hindu. Muitas vezes o mestre não é uma pessoa, mas um episódio do cotidiano. A Psicologia Educacional está presente nos pequenos atos que podem passar despercebidos. Por exemplo, a mãe quer despedir-se do filho com um beijinho. O filho sai correndo e entra na escola. Do que o filho foge? Se um filho não beija sua mãe, é porque não valorizou a sua companhia, nem mesmo reconheceu a ajuda que ela lhe prestou, muitas vezes carregando sua mochila.

Ajudar é muito nobre, é um gesto de amor ao qual mãe nenhuma se furta. Mas o que o filho aprende é que a obrigação de ir à escola é dele, mas a de carregar a mochila, entre outras coisas, é da mãe.

Essa é uma das melhores maneiras de se amputar o desenvolvimento da responsabilidade do filho. O filho se deforma, transformando-se em "folgado", enquanto seus pais se sufocam com tantas responsabilidades. Preparar e carregar a mochila do filho é um erro de amor, como o é também fazer as lições de casa dele e/ou apagar a luz do quarto dele quando sai. É uma gentil poupança que mais atrapalha que ajuda, mais deforma que constrói.

---

[6] Para saber mais, ler *Educação & Amor*. São Paulo: Integrare, 2006 (N.E.).

O maior amor é educá-lo para a vida, que exige disciplina, ética, liberdade e responsabilidade.

O filho que sentir a mochila muito pesada pode pedir ajuda à mãe. Lembrar bem: é para a mãe ajudar e não carregar por ele, que sai correndo com as mãos abanando... Aprender a pedir ajuda acrescenta à educação a humildade e a gratidão a quem ajuda. Não é bom para ninguém conviver com um outro arrogante e prepotente, muito menos para seus próprios pais.

É chegada a hora de a mãe realmente ajudar o filho no que ele pediu. Nessa hora, a mãe pode abrir a mochila e o filho carregar nas suas mãos o que puder, para a mãe ajudar a carregar o resto. Nesse novo processo, o filho, ao pegar a mochila, além de dar um beijo de despedida, percebe o quanto realmente sua mãe o ajudou. Seu coraçãozinho se enche de gratidão e pode demonstrar o reconhecimento por tudo o que sua mãe lhe tem feito, a que ele nunca havia dado valor.

Adolescente

Adolescente é adrenalina que agita a juventude tumultua os pais e os que lidam com ele.

ADRENALINA que dá taquicardia nos **pais**,

depressão nas **mães**,
raiva nos **irmãos**,
que provoca fidelidade nos amigos,
desperta paixão no sexo oposto,
cansa os professores,
curte um barulhento som,
experimenta novidades,
revolta os vizinhos...

ADOLESCENTE é um deus com frágeis pés,
um apaixonado que não "segura" uma gravidez,
um atleta que busca o colo dos pais,
um ousado no volante que acaba com o carro,
um temerário que morre porque desconsidera o
[perigo,
um herói sexual reprimido pela timidez,
um conquistador que sofre "um branco" na hora H,
alegria de "Sonrisal" em copo de água,
escuridão da casa em que foi cortada a luz...

Difícil é lidar com ele, porque

ele não se entende com o próprio corpo e
    ainda é ridicularizado pelos colegas,
ele quer resolver os problemas do mundo,
    mas se atrapalha com simples questões de
    Matemática,
ele prefere a certeza de não estudar
    a arriscar sua inteligência numa prova escolar,

ele nem bem se mete a arrumar seu quarto,
   mas lava e lustra o carro como um joalheiro,
ele se indispõe com os outros em defesa de seus pais,
   que ele mesmo maltrata,
ele fuma maconha empunhando a bandeira
   da ecologia e do menos mau,
ele é rebeldemente sociável e seguramente instável,
   ele ri com lágrimas, enquanto chora com
                              [gargalhadas,
ele brinca de brigar e briga para amar,
ele vive sonhos e projetos de um vir a ser porque

o adolescente é
   pequeno demais para grandes coisas,
   grande demais para pequenas coisas.

O sucesso dos pais

Acredito no SER HUMANO.
Mas não tem sido fácil ser HUMANO.

O biológico se perpetua via DNA.
O social evolui em progressão geométrica.
O psicológico acompanha a evolução.

Mentes privilegiadas promovem essa evolução.
No início, a força física era o poder máximo.
Estratégias venceram forças físicas.

Tecnologias aprimoram astúcias.
Informações ampliam tecnologias.
Comunicação e informatização globalizam
povos distantes.

Conhecimento e criatividade propiciam mudanças
que, com ética e assertividade, melhoram
    a qualidade de vida.
O ser humano buscou, pelo autoconhecimento,
o *equilíbrio pessoal,*
e, pelo sucesso na realização de seus potenciais,
o *ser feliz.* Integrou-se com sua vida profissional.

Assim, o *Pai* luta para ser um profissional
    bem-sucedido,
e a *Mãe,* uma mulher de sucesso.
O *Filho,* tendo tudo e mais um bom colégio,
de repente usa drogas, tenta o suicídio...
Esses episódios acordam os pais para o filho,
    para a família.
O que está acontecendo?

Há uma lacuna, uma insatisfação, mas onde?
Os pais estão sendo consumidos pelo trabalho,
construindo um patrimônio para os filhos,
mas estarão estes sendo preparados para recebê-lo?
Não "sobra tempo" para acompanhar os filhos,
nem para conviver com a família...

Até o filho criar a própria base, ele precisa muito
  dos pais.
Torna-se necessário relacionar-se com o filho,
  conhecê-lo bem.
Só o amor não basta.
É preciso educar dentro do que é adequado ao filho.
Hoje os filhos são fisicamente bem criados,
mas estão pouco capacitados e qualificados para
  a vida.
O sucesso dos pais não garante a felicidade dos
  filhos.

... E como está a vida familiar desses com tanto
sucesso profissional?
Têm eles o mesmo sucesso como chefes de família?
Não prefeririam eles ficar "trabalhando" a ficar
"perdendo" tempo em casa?
É preciso também conhecer como funciona a
  família...

A família é o passaporte que acompanha o viajante
  em todos os países.
Mudam-se os paradigmas profissionais,
mas a família permanece sua fonte afetiva.
Qual um acrobata, que para agarrar o próximo
  trapézio,
se lança corajosamente no vazio espacial,
o profissional precisa acreditar em seus projetos
e neles se lançar arriscando sua vida.

É nesses momentos que a família está presente:
sustentando o trapezista no ar;
o profissional em suas crenças;
energizando-lhe o corpo;
alimentando seu coração;
iluminando sua alma...

Mudam-se os padrões em nome da evolução.

O ser humano vencedor é aquele que,
sem se sentir ultrapassado, consegue
absorver mudanças e aperfeiçoar
ainda mais o que ele já se acreditava
fazendo melhor.

Força física? A idade consome.
Poder e *status*? Com a aposentadoria se acabam...
Matéria? Dinheiro? Mudam de mãos...

O que permanece com a pessoa é o que exclusivamente lhe pertence: suas vivências relacionais.
Relacionamentos humanos são essenciais.
Saúde de Vida é o que propicia a Integração
[Relacional.

Quem somos, afinal?
SOMOS AS PESSOAS QUE AMAMOS
E POR QUEM SOMOS AMADOS.

SOBRE IÇAMI TIBA

Filiação: Yuki Tiba e Kikue Tiba.
Nascimento: 15 de março de 1941, em Tapiraí, SP.

1968.	Formação: médico pela Faculdade de Medicina da USP.
1970.	Especialização: psiquiatra pelo Hospital das Clínicas da FMUSP.
1970-2008.	Psicoterapeuta de adolescentes e consultor de famílias em clínica particular.
1971-77.	Psiquiatra-assistente no Departamento de Neuropsiquiatria do Hospital das Clínicas da FMUSP.
1975.	Especialização em Psicodrama pela Sociedade de Psicodrama de São Paulo.
1977.	Graduação: professor-supervisor de Psicodrama de Adolescentes pela Federação Brasileira de Psicodrama.
1977-78.	Presidente da Federação Brasileira de Psicodrama.
1977-92.	Professor de Psicodrama de Adolescentes no Instituto Sedes Sapientiae, em São Paulo.

1978.	Presidente do I Congresso Brasileiro de Psicodrama.
1987-89.	Colunista da TV Record no programa *A mulher dá o recado*.
1989-90.	Colunista da TV Bandeirantes no programa *Dia a dia*.
1991-94.	Coordenador do Grupo de Prevenção às Drogas do Colégio Bandeirantes.
1995-2008.	Membro da equipe técnica da Associação Parceria Contra as Drogas (APCD).
1997-2006.	Membro eleito do *Board of Directors* da International Association of Group Psychotherapy.
2000.	Apresentador do programa semanal *Caminhos da educação*, na Rede Vida de Televisão.
2001-02.	Radialista, com o programa semanal *Papo aberto com Tiba* na Rádio FM Mundial (95,7 MHz).
2003-08.	Conselheiro do Instituto Nacional de Capacitação e Educação para o Trabalho "Via de Acesso".
2005-08.	Apresentador e Psiquiatra do programa semanal *Quem Ama, Educa!*, na Rede Vida de Televisão.

- Professor de diversos cursos e *workshops* no Brasil e no exterior.

- Freqüentes participações em programas de televisão e rádio.

- Inúmeras entrevistas à imprensa escrita e falada, leiga e especializada.

- Patrono da Livraria Siciliano do Shopping Pátio Brasil (Brasília).

- Mais de **3.300 palestras** proferidas para empresas nacionais e multinacionais, escolas, associações, condomínios, instituições etc., no Brasil e no exterior.

- Mais de **76.000 atendimentos psicoterápicos** a adolescentes e suas famílias, em clínica particular.

- Criou a Teoria Integração Relacional, na qual se baseiam suas consultas, *workshops,* palestras, livros e vídeos.

CONVERSAS COM IÇAMITIBA

■ Tem 22 livros publicados. Ao todo, seus livros já venderam mais de **2.000.000 de exemplares**.

1. *Sexo e Adolescência*. 10 ed. São Paulo: Ática, 1985.
2. *Puberdade e Adolescência*: desenvolvimento biopsicossocial. 6 ed. São Paulo: Ágora, 1986.
3. *Saiba Mais sobre Maconha e Jovens*. 6 ed. São Paulo: Ágora, 1989.
4. *123 Respostas sobre Drogas*. 3 ed. São Paulo: Scipione, 1994.
5. *Adolescência*: o Despertar do Sexo. São Paulo: Gente, 1994.
6. *Seja Feliz, Meu Filho*. 21 ed. São Paulo: Gente, 1995.
7. *Abaixo a Irritação*: como desarmar esta bomba-relógio no relacionamento familiar. 20 ed. São Paulo: Gente, 1995.
8. *Disciplina*: Limite na Medida Certa. 72 ed. São Paulo: Gente, 1996.
9. *O(a) Executivo(a) & Sua Família*: o sucesso dos pais não garante a felicidade dos filhos. 8 ed. São Paulo: Gente, 1998.
10. *Amor, Felicidade & Cia*. 7 ed. São Paulo: Gente, 1998.
11. *Ensinar Aprendendo*: Como Superar os Desafios do Relacionamento Professor-aluno em

Tempos de Globalização. 24 ed. São Paulo: Gente, 1998.
12 *Anjos Caídos*: Como Prevenir e Eliminar as Drogas na Vida do Adolescente. 31 ed. São Paulo: Gente, 1999.
13 *Obrigado, Minha Esposa*. 2 ed. São Paulo: Gente, 2001.
14 *Quem Ama, Educa!* 157 ed. São Paulo: Gente, 2002.
15 *Homem Cobra, Mulher Polvo*. 21 ed. São Paulo: Gente, 2004.
16 *Adolescentes:* Quem Ama, Educa! 38 ed. São Paulo: Integrare, 2005.
17 *Disciplina:* limite na medida certa – Novos paradigmas. 80 ed. São Paulo: Integrare, 2006.
18 *Ensinar Aprendendo*. Novos paradigmas na educação. 28 ed. São Paulo: Integrare, 2006.
19 *Seja Feliz, Meu Filho*. Edição ampliada e atualizada. 25 ed. São Paulo: Integrare, 2006.
20 *Educação & Amor*. Coletânea de textos de Içami Tiba. 2. ed. São Paulo: Integrare, 2006.
21 *Juventude & Drogas:* Anjos Caídos. 9 ed. São Paulo: Integrare, 2007.
22 *Quem Ama, Educa!* Formando cidadãos éticos. 10. ed. São Paulo: Integrare, 2007.

- Tem 4 livros adotados pelo Promed do FNDE (Fundo Nacional de Desenvolvimento da Educação), Governo do Estado de S. Paulo – Programa de Melhoria e Expansão do Ensino Médio:
  - *Quem Ama, Educa!*
  - *Disciplina*: Limite na Medida Certa
  - *Seja Feliz, Meu Filho*
  - *Ensinar Aprendendo*: Como Superar os Desafios do Relacionamento Professor-aluno em Tempos de Globalização

- O livro *Quem Ama, Educa!*, com mais de **560.000 exemplares vendidos**, foi o *best-seller* de 2003 segundo a revista *Veja*. Também é editado em Portugal (Editora Pergaminho), Espanha (Editora Obelisco) e Itália (Editora Italia Nuova).

- Tem 12 vídeos educativos produzidos em 2001 em parceria com Loyola Multimídia, cujas vendas atingem mais de **13.000 cópias**: **1** Adolescência. **2** Sexualidade na Adolescência. **3** Drogas. **4** Amizade. **5** Violência. **6** Educação na Infância. **7** Relação Pais e Filhos. **8** Disciplina e Educação. **9** Ensinar e Aprender. **10** Rebeldia e Onipotência Juvenil. **11** Escolha Profissional e Capacitação para a Vida. **12** Integração e Alfabetização Relacional.

■ Em pesquisa feita em março de 2004 pelo Ibope, a pedido do Conselho Federal de Psicologia, Içami Tiba foi o 3º profissional mais admirado e tido como referência pelos psicólogos brasileiros, sendo Freud o primeiro, e Gustav Jung o segundo. A seguir, vêm Rogers, M. Klein, Winnicott e outros. (Publicada pelo *Psi Jornal de Psicologia*, CRP SP, número 141, jul./set. 2004).

Contatos com o autor
IÇAMI TIBA
TEL./FAX (11) 3562-8590 e 3815-4460
SITE www.tiba.com.br
E-MAIL icami@tiba.com.br